Algorithmen beherrschen die Welt, so hört man, heute schon und morgen noch viel mehr. Sie sitzen am Steuer selbstfahrender Autos und lenken mehr und mehr gesellschaftliche Prozesse. Wie programmieren wir sie, und was passiert, wenn sie sich schließlich selbst programmieren? Die Angst ist so groß wie die Hoffnung und das moralische Dilemma. Dürfen Algorithmen im Ernstfall entscheiden, wer sterben muss? Wird die künstliche Intelligenz dem Menschen den freien Willen nehmen, ihn vor sich selbst schützen und zurück ins Paradies der Entscheidungslosigkeit befördern? Dieses Buch lädt ein zu einer philosophischen Spekulation über unsere Zukunft. Es handelt von den Aporien und Paradoxien der künstlichen Intelligenz. Es vagabundiert im Denken, verbindet das scheinbar Unverbundene und sieht am Ende in den Erfindern des Silicon Valley nicht mehr und nicht weniger als die Geschäftsführer von Hegels Weltgeist.

Roberto Simanowski, geboren 1963, war bis 2018 Professor für Kultur- und Medienwissenschaften in den USA, Hongkong und in der Schweiz und ist derzeit Distinguished Fellow an der Freien Universität Berlin.

TODESALGORITHMUS

PASSAGEN THEMA

Roberto Simanowski

Todesalgorithmus

Das Dilemma der künstlichen Intelligenz

Passagen Thema
herausgegeben von
Peter Engelmann

Passagen Verlag

Deutsche Erstausgabe

Dieses Buch wurde ermöglicht durch die freundliche Unterstützung der Passagen Freunde – Freundeskreis des Passagen Verlags.

Die Deutsche Nationalbibliothek verzeichnet diese Publikation in der Deutschen Nationalbibliografie; detaillierte bibliografische Daten sind im Internet über http://dnb.dnb.de/ abrufbar.

ISBN 978-3-7092-0461-0
2., durchgesehene Auflage 2021

Grafisches Konzept: Gregor Eichinger
Satz: Passagen Verlag Ges. m. b. H., Wien
http://www.passagen.at
Druck: Ferdinand Berger & Söhne GmbH, 3580 Horn

Inhalt

Vorbemerkung

Dieses Buch handelt vom Todesalgorithmus, von der Klimakrise und von der Heimkehr des Menschen ins Paradies diesseits der Willensfreiheit. Der Todesalgorithmus sitzt am Steuer autonomer Fahrzeuge und hat bei einem Unfall über Leben und Tod zu entscheiden. Ein Dilemma, weil die Entscheidung im Funktionsrahmen der künstlichen Intelligenz (KI) nicht mehr spontan erfolgen kann, sondern vorprogrammiert werden muss. Es muss vorab bestimmt werden, ob das Auto dem Kind oder den Rentnern ausweichen soll. Wie auch immer die Entscheidung ausfällt, sie verstößt gegen das in Deutschland und anderen Staaten geltende Aufrechnungsverbot von Menschenleben.

Während dieses ethische Dilemma aus den Erfolgen der KI-Forschung resultiert, ist die Klimakrise Resultat des vorangegangenen technischen Fortschritts: von den auf fossilen Brennstoffen basierenden Verbrennungsmotoren und Industrieanlagen bis zum Plastikmüll und Flugverkehr. Der Hoffnung, diese Krise mit smarter Technik, „grünen Codes" und einer CO2-Grenzausgleichs-Steuer zu lösen, steht die Ansicht gegenüber, dass es einer grundlegenden Veränderung des menschlichen Lebensstils im Kontext einer Postwachstumsgesellschaft bedarf. Gegen die ökologischen Notwendigkeiten sprechen ökonomische und politische Bedenken, die nicht zuletzt aus der

Kondition des modernen Menschen resultieren, sich und die Gegenwart den anderen und der Zukunft vorzuziehen. Der Mensch, so scheint es, kann das eigene Überleben nicht sichern – jedenfalls nicht, solange die Mängel der demokratischen Staatsform die der Conditio Humana verdoppeln. Kann die künstliche Intelligenz es, wenn sie stark genug ist und, vom Menschen dazu beauftragt, das Regime übernimmt: als besorgte Nanny oder gütiger Diktator? Weder die technische noch die politische Entwicklung sind reif für ein solches Szenario. Aber die Forschung zur KI läuft auf Hochtouren und der Zweifel an der Zukunftsfähigkeit der Demokratie motiviert inzwischen selbst Politologen zu ketzerischen Gedankenexperimenten.

Die Selbstentmachtung des Menschen durch sein eigenes Geschöpf wäre die Vollendung eines Aufbruchs, der mit dem Griff nach der Erkenntnis begann. Überlässt der Mensch die Regelung seiner Angelegenheiten der KI, wie es ansatzweise schon geschieht, wenn Apps ihn von A nach B navigieren und Algorithmen die Partnerwahl übernehmen, kehrt er im Grunde an den Anfang zurück: als er noch unfähig war, Gut und Böse zu unterscheiden. Diese Rückkehr enthebt ihn nicht nur der Notwendigkeit, selbst zu entscheiden, sondern auch der Gefahr, sich dabei zu irren. Ist es die Heimkehr ins Paradies? Wäre ein solches Paradies wünschenswert? Die Antwort hängt davon ab, worin man den Sinn des Lebens sieht und wieviel Autonomie, Nudging und Social-Scoring darin enthalten sein soll.

Die imaginierte Zukunft – das ist der gedankliche Ausgangspunkt dieses Essays – beginnt heute, mit dem autonomen Fahren. Der Todesalgorithmus am Lenkrad autonomer Fahrzeuge ist die Testfahrt für eine Gesellschaft, in der die KI das Steuer übernimmt. In den dystopischen Szenarien der Science-Fiction beherrscht oder vernichtet die KI den Menschen. In den Phantasien der Technikenthusiasten halten sich Menschen intelligente Maschinen als Sklaven oder transfigurieren selbst zur Maschine. Die hier entwickelte Perspektive bringt beide Pole zusammen: Die KI ergreift zwar die Macht über den Menschen, aber nur, um ihn vor dem selbstverschuldeten Untergang zu bewahren.

Das Buch entwickelt dieses Szenario mit philosophischer Neugier, ohne am aktuellen Technikstand zu haften. Er ist methodisch inspiriert durch das *What if*-Prinzip des spekulativen Designs, das zur Imagination von Zukunftsszenarien einlädt und mit entsprechenden Produktideen eine gesellschaftliche Debatte über bestehende Akzeptanzgrenzen anstoßen will.[1] Die Schreibmotivation ist allerdings nicht die Verschiebung von Akzeptanzgrenzen, sondern das Augenmerk auf diese: die Grenzen und die Verschiebung. Die dazu vorgenommene Spekulation erfolgt in eher konservativer Form; als klassischer Essay, von dem Adorno sagte: „In Freiheit denkt er zusammen, was sich zusammenfindet in dem frei gewählten Gegenstand." Das Resultat ist – dafür warb jüngst ein anderer Philosoph – ein „vagabundierendes Denken", das „nicht auf das Stimmige, sondern auf das Stimulierende" zielt – und weniger Recht haben will als gehört werden.[2]

Würde des Menschen

SpamAssassin

Das Überleben der digitalen Technologien hängt von Anfang an in hohem Maße auch von ihrem Tötungsinstinkt ab. Diese Gleichung gilt schon für die Emailkommunikation, die nie erfolgreich gewesen wäre ohne die Lösung des Spam-Problems. Der berühmte Algorithmus, der hier früh für Ordnung sorgte, heißt „SpamAssassin". Ein martialischer Name für einen Filter, der das Rauschen im neuen Kommunikationsmedium durch die Trennung der erwünschten von der unerwünschten Post reduzieren soll. Ein passender Name, denn am Ende geht es von Anfang an immer genau darum: Was überlebt und wer nicht.

Die Müllbeseitigung ist das erste Übungsfeld der künstlichen Intelligenz. Hier lernt die Software Muster zu erkennen und Objekte zu klassifizieren. Hier trifft sie Entscheidungen unter Aufsicht und schließlich auch ohne menschliche Kontrolle: erst in einer gleichen Situation, dann in einer ähnlichen. Alle aktuellen und künftigen Phantasien über intelligente Kühlschränke, autonome Autos, autarke Roboter und andere Formen der künstlichen Intelligenz, die heute die Öffentlichkeit begeistern oder beunruhigen, stammen vom Selbstlernmechanismus des Werbemüllmörders.[1]

Der jüngere Bruder des SpamAssassin ist der Todesalgorithmus, der in selbstfahrenden Autos im Notfall entscheidet, ob das Fahrzeug eher in eine Gruppe von Fußgängern oder auf ein Kind oder gegen eine Häuserwand fährt. Über diesen Todesalgorithmus gibt es inzwischen hitzige philosophische und auch schon juristische Debatten. Denn als sicher gilt: Das autonome Auto kommt, und wahrscheinlich noch vor den autonomen Waffen und den mechanischen Haustieren. Die Entwicklung ist politisch gewollt, da man zu Recht davon ausgeht, dass autonom fahrende Autos nicht nur die Fahrkosten und den Energieverbrauch drastisch senken werden, sondern auch die Zahl der Unfälle. Immerhin verfügt der Bordcomputer über die Fahrerfahrung *aller* Computer, verarbeitet viel mehr Information viel schneller als der Mensch, wird niemals müde, fährt nie betrunken und textet nicht am Lenkrad. Es wäre moralisch unverantwortlich, selbstfahrende Autos nicht einzuführen.

Zugleich gilt als sicher, dass es weiterhin Unfallsituationen geben wird, bei denen Todesopfer nicht vermeidbar, sondern nur wählbar sind. Das führt zum ethischen Problem, die Algorithmen der selbstfahrenden Autos mit einer spezifischen Entscheidungsmoral ausstatten zu müssen, die unvermeidlich dem Grundprinzip der deutschen Verfassung widerspricht. Die Unantastbarkeit der Menschenwürde ist in Gefahr, wenn die Technik verlangt, Abwägungen, die sich philosophisch verbieten, für den Ernstfall zu programmieren.

In der wahrscheinlich berühmtesten Fake-Werbung unserer Zeit fährt ein Auto durch eine Landschaft, die deutlich in der Vergangenheit liegt. Alle Menschen halten in der Arbeit inne und schauen mit Ehrfurcht auf etwas, das sich schließlich als ein Mercedes der Luxusklasse erweist. Kurz darauf stoppt dieser Mercedes vor zwei Mädchen, die auf der Straße spielen. Der Bremsvorgang geht offenbar auf einen Sensor zurück, der Objekte vor dem Fahrzeug wahrnimmt. Als das Auto weiterfährt, nun unterlegt mit spannungsgeladener Musik, kommt ein rennender Junge mit einem Drachen ins Bild und eine junge Frau, die ihm beim Wäscheaufhängen glücklich hinterherschaut. Das Zusammentreffen des Jungen mit dem Mercedes überrascht nicht, wohl aber der Zusammenprall. Hat der Sensor diesmal versagt?

Die Antwort kommt rasant in kleinen Stücken: Kurz vor dem Aufprall sieht man für eine Millisekunde das Bild von Hitler, dann ruft die Frau mit dem Wäschekorb erschrocken „Adolf?“, auf dem Ortseingangsschild steht „Braunau am Inn“, aus der Vogelperspektive formen sich die Glieder des überfahrenen Jungen auf der Straße zu einem Hakenkreuz, der daraufhin eingeblendete Werbesatz für Mercedes’ Bremssystem lautet: „Erkennt Gefahren, bevor sie entstehen“.[2]

Dieses Video aus dem Jahr 2013 hat im Frühjahr 2016 über 5 Millionen Views; mehr als 21 000 finden es gut, knapp 2 000 finden es schlecht, die rund 2 500 Kommentare verteilen sich entsprechend. Der Hinweis, dass es sich nicht um einen autorisierten Mercedes-Werbespot handelt, sondern um die Abschlussarbeit von Studenten der Filmakademie Ludwigsburg, verringert so wenig wie der Hinweis auf den fiktionalen Rahmen das philosophische Problem, das hier aufgerufen wird: Unter welchen Umständen darf man töten, um Leben zu retten?

Die Fiktion des unautorisierten Werbeclips spielt mit einem Topos der Popkultur, wenn sie den Mercedes wie einst das Skynet den Terminator in die Vergangenheit schickt, um den Beginn einer ungewollten geschichtlichen Entwicklung zu verhindern. Während Zeitreisen in die Vergangenheit freilich reine Science-Fiction sind, werden sie in die andere Richtung allmählich Teil unserer Gegenwart. Das Versprechen heißt *vorhersagende Analyse*, das als „predictive policing" an vielen Orten im täglichen Polizeibetrieb bereits zum Einsatz kommt. Anders als in Steven Spielbergs *Minority Report* basiert das Verfahren allerdings nicht auf den hellseherischen Fähigkeiten dreier Frauen im Wasser, sondern auf extensivem Data-Mining: auf der Erstellung von Tatprofilen, Korrelationen und Wahrscheinlichkeitskurven, aus denen sich berechnen lässt, wann wo die nächste Straftat geschieht.

Werden solche statistischen Analysen mit den DNA-Werten, Video-, Lektüre- und Freundeslisten, Tagesroutinen und Bewegungsprofilen sowie mit sämtlichen Posts, Likes, Shares, Kommentaren und sonstigen kommunikativen Handlungen und Umwelteinflüssen eines Individuums gekoppelt und entsprechend hochgerechnet, lässt sich bald vielleicht tatsächlich mit großer Genauigkeit die Entwicklung eines Menschen und damit sein gesellschaftliches Gefahrenpotenzial voraussagen. Mit solchen Daten versehen hätte jeder Mercedes die Wissenschaft auf seiner Seite, der in Braunau (oder wo immer seine Familie gerade lebt) auf den jungen Adolf stößt und wider besseres Können doch nicht bremst. Genau darin liegt die ethische Herausforderung des technischen Fortschritts.

Das deutsche Recht enthält keinen Paragraphen, der die Tötung künftiger Massenmörder erlaubt. Das liegt nicht nur daran, dass Wahrsagerei als unzureichende Rechtsgrundlage betrachtet und Zukunftsaussagen des Data-Mining bisher kein wissenschaftlicher Status zugestanden wird. Grund ist auch der standhafte Glaube der Deutschen an Erziehung. Gäbe es Zeitreisen in die Vergangenheit, säße in einem Mercedes nach Braunau eine Sozialarbeiterin mit einem Maßnahmenpaket, um Adolf auf die rechte Bahn zu bringen. Nicht auszuschließen, dass im Paket ein Malkurs enthalten wäre. So lange die Wissenschaft solche Zeitreisen nicht ermöglicht, muss die Justiz nicht entscheiden, ob der pädagogische Optimismus gebietet, auch beim kleinen Adolf Hitler zu bremsen.

Gleichwohl: Die Frage, ob man töten darf, um Leben zu retten, ist längst in der Mitte der Gesellschaft angekommen. In Ferdinand von Schirachs Gerichtsdrama *Terror* etwa sitzt das Publikum über einen Major der Bundeswehr zu Gericht, der eigenmächtig ein von einem Terroristen entführtes Passagierflugzeug abschoss. Der Major entschied quantitativ und opferte die 164 Menschen im Flugzeug, um die 70 000 Menschen in der Münchner Allianz-Arena zu schützen, in die der Terrorist die Maschine jagen wollte. Die Entscheidung, ob der Major dafür wegen mehrfachen Mordes angeklagt werden soll, wird in den 2472 internationalen Aufführungen des Theaterstücks zwischen Oktober 2015 und Januar 2020 jeweils ans Publikum, als den ‚realen' Schöffen in diesem Gedankenexperiment, delegiert. Die Filmversion des Stückes war am 18. Oktober 2016 *das* Fernsehereignis in ARD, ORF und SRF, mit Publikumsabstimmung und anschließender *Hart aber fair*-Talkshow.

Diese Verlagerung der Entscheidung auf die Zuschauer weist weniger auf die Ästhetik der Partizipationskultur als auf die Prinzipien der experimentellen Ethik, die mit empirischen Studien operiert, statt sich, wie die sogenannte „Lehnstuhl-Philosophie", mit theoretischen Schlussfolgerungen zu begnügen. Nun siegt nicht mehr das bessere Argument, sondern die Mehrzahl. Zumindest lässt sich ohne diese im Rücken kaum noch argumentieren. Dass die Rechtsgelehrten gegen ihre Entmachtung zugunsten einer auf Rechts*empfinden* basierenden Rechtsfindung protestieren, dass sie vor einer „Instinkt-Ethik" warnen, war zu erwarten. Sie sind bekanntlich nicht die einzigen Experten, die im Zeitalter der Partizipationskultur an Autorität verlieren.[3]

Das Ergebnis jedenfalls lautet jeweils Freispruch und zeigt: Die Mehrheit der Theaterbesucher (63%) und Fernsehzuschauer (87%) denkt oder fühlt verfassungswidrig. Denn es widerspricht dem Eingangsparagraphen des Deutschen Grundgesetzes über die Unantastbarkeit der Menschenwürde, Leben gegen Leben abzuwägen und gegebenenfalls wenige unschuldige Menschen zur Rettung vieler unschuldiger Menschen zu töten. Entgegen dem moralischen Impuls der Mehrheit besagt die ethische Grundlage der deutschen Rechtsprechung, dass Menschenwürde nicht absolut geachtet werden kann, wenn sie zahlenmäßig verhandelt wird. Das heißt: Das kleinere von zwei Übeln lässt sich weder mathematisch ermitteln noch durch Diskriminierung nach Alter, Geschlecht oder kulturellen Wertmaßstäben. Das Leben von zehn Menschen ist nicht mehr wert als das von zwei und das Leben eines Greises nicht weniger als das eines Kindes.

Die Ethik des unverhandelbaren Subjekts verbietet, einen Menschen auf ein Mittel zur Rettung anderer zu reduzieren. Das hat Konsequenzen für die Organtransplantation – man darf nicht einen Gesunden opfern, um zehn Kranke zu retten – und selbst für das Verzehren Schiffsbrüchiger: Man darf nicht den Schwächsten, schon Sterbenden töten, um die eigene Überlebenschance zu erhöhen. Essen darf man den anderen nur, wenn er sich selbst dazu anbietet oder per Losverfahren zustimmt – wie in Herman Melvilles *Moby Dick*, Edgar Allan Poes *Bericht des Arthur Gordon Pym* und vielen anderen Seefahrergeschichten. Die Zustimmung erhebt das Objekt der Tötung in den Status des Subjekts, das nicht auf ein Rettungsmittel reduziert wird, sondern sich zum Retter bestimmt.

Die deutsche Verfassung bevorzugt mit dem Verbot der Instrumentalisierung des Menschen die (deontologische) Pflichten- oder Gesinnungsethik gegenüber der (konsequentialistischen) Zweck- oder Verantwortungsethik. Die Zweckethik – zu der auch der Utilitarismus gehört, prominent propagiert durch den Moralphilosophen Jeremy Bentham – blickt auf das Ergebnis und hält die Opferung der wenigen zur Rettung der vielen durchaus für vertretbar. Die Gesinnungsethik – vehement vertreten durch Benthams Zeitgenossen Immanuel Kant – blickt auf das Handeln (im vorliegenden Fall der Abschussentschluss des Majors) und bewertet die (negative) Pflicht, niemanden zu töten, höher als die (positive) Pflicht, Menschen zu retten. Das Tötungsverbot ist hier *kategorisch*, also unabhängig von den Umständen und Konsequenzen; der Zweck heiligt nicht die Mittel. Moralisches Verhalten ist so dem Gesetz verpflichtet und nicht dem Kollektiv, dessen höchstmögliche Lust beziehungsweise niedrigstes Leid der Utilitarismus favorisiert. Aus eben diesem Grund kassierte das Verfassungsgericht Anfang 2006 Paragraph 14 Absatz 3 des Luftsicherheitsgesetzes, das der Bundestag ein Jahr zuvor verabschiedet hatte. Begründung: Verstoß gegen die Menschenwürde. Der Paragraph erlaubte im Terrorfall als Ultima Ratio den Abschuss von Passagierflugzeugen. Das deutsche Verfassungsgericht war 2006 keineswegs so weit wie die Mehrheit des deutschen Theaterpublikums ein Jahrzehnt später.

Weichensteller nach 9/11

In der Philosophie wird das Dilemma des Tötens, um Leben zu retten, als „Trolley-Problem“ oder „Weichenstellerfall“ diskutiert: Eine Straßenbahn ist außer Kontrolle geraten und droht, fünf Personen zu überrollen. Die einzige Handlungsoption eines Zeugen neben dem Weichenhebel besteht darin, die Bahn auf ein Nebengleis umzuleiten, wo sie nur *eine* Person überfahren würde. Der Tötungsbeschluss, den diese Weichenstellung enthält, wird in der sogenannten Fetter-Mann-Variante explizit, in der man alternativ die Straßenbahn dadurch zum Halten bringt, dass man einen fetten Mann von der Brücke auf die Schienen stößt. Ja, philosophische Konstruktionen sind manchmal voller Grausamkeit und Humor. Denn es ist ebenso brutal, einen völlig unbeteiligten, aber hinreichend fetten Mann im Interesse der Lebensrettung in den Tod zu stürzen, wie es skurril ist, dass sein wesentlich dünnerer Gegner, der offenbar nicht genug Fett für den Rettungsakt auf die Schiene bringt, den Zweikampf gewinnt.

Dieses philosophische Gedankenexperiment wird nicht nur durch Schirachs Gerichtsdrama in die Realität nach 9/11 versetzt. Zeitgleich erfolgt dies in Gavin Hoods Film *Eye in the Sky* (2015), in dem es darum geht, ob man ein unschuldiges Mädchens töten darf, um per Drohnenbeschuss einen Terroranschlag in Nairobi zu verhindern. Der Terroranschlag würde mindestens 80 Menschen das Leben kosten, darunter sicher auch mehrere Mädchen gleichen Alters. Die Diskussion der Beteiligten und Verantwortlichen an ihren Bildschirmen in London und Nevada übersetzt die deontologischen und konsequentialistischen Argumente ins Anschauliche des Mediums Film, mit berührenden Bildern aus dem Leben des Mädchens und einem Wettrennen mit der Zeit, um das Mädchen vom geplanten Detonationszentrum wegzulocken. Die Rettungsversuche sind Gott sei Dank ohne Erfolg. Das Mädchen stirbt an den Folgen des Drohneneinschlags.

Gott sei Dank, weil so das ethische Problem, um das es dem Film geht, präsent bleibt. Jedes Happy End wäre Betrug am Konflikt, vor dem die Menschheit steht. Denn es wird im Kampf gegen die Terroristen nicht nur Kollateralschäden geben. Es wird auch Stimmen geben, die diese im Interesse der Gesellschaft rechtfertigen. 1 zu 80 spricht eine klare Sprache, nicht nur für die Vertreter des Utilitarismus. Auch aus Sicht der Soldaten ist – in Hoods Film ebenso wie in Schirachs Theaterstück – der Kollateralschaden in Kauf zu nehmen, um mehr Opfer zu vermeiden. Soldaten wissen, dass zivile Opfer in Gefechtssituationen unvermeidbar sind. Der Unterschied, davon lebt der Film, besteht darin, dass in Gefechtssituationen zivile Opfer *passieren*, während hier, im Besitz aller Daten über die Situation und ihre Folgen, wissentlich *geopfert* wird: mit Bild und Namen des Mädchens, das sterben muss. Bedauerlich, aber, aus Sicht der Verantwortungsethik, moralisch vertretbar.

Philosophische Gedankenexperimente lassen sich nicht auf Kompromisse ein. Das unterscheidet sie vom wahren Leben und dessen fiktionaler Darstellung. So findet man in Schirachs Drama das Argument, der Major verhindere durch den Abschuss des Flugzeugs die Möglichkeit, dass die Passagiere den Terroristen rechtzeitig überwältigen oder die Allianz-Arena rechtzeitig evakuiert wird. Spekulation auf den guten Ausgang und Unwägbarkeiten der wirklichen Schäden sind deontologische Ablenkungsmanöver, um sich vor der Entscheidung zu drücken. Worauf das Flugzeug bei von Schirach und die Drohne bei Hood zusteuern, ist die Abwägungsresistenz der Menschenwürde. Worum es geht, ist die Aktualisierung des Rechtsempfindens angesichts neuer Sachlagen.

In der Logik des Trolley-Problems gibt es das Happy End nur als Selbstopferung: wenn man selbst der fette Mann ist und freiwillig auf die Schienen springt. Schirachs Major hatte diese Möglichkeit nicht, bei Hood setzt der kenianische Antiterroragent vor Ort sein Leben für die Rettung des Mädchens aufs Spiel. Wir mögen die Chance zur Selbstopferung haben, wenn wir in einem Unfall, vor die Möglichkeit gestellt, das Auto gegen ein Kind statt viele Erwachsene zu steuern, oder umgekehrt, unbeirrt auf die Häuserwand zuhalten. Und wir werden erst dann, in unserem vielleicht letzten Moment, wissen, ob wir in der Lage waren, diese Chance zu nutzen. So jedenfalls verhielt es sich bisher. Anders wird es, wenn Algorithmen am Steuer sitzen.

Moral Machine

Es gibt dazu noch keinen Film, aber die Diskussion, nach welchen Kriterien Algorithmen in autonomen Fahrzeugen über Leben und Tod entscheiden, wenn sich die Alternative zwischen Kind, Greis und Wand ergibt, ist in vollem Gange. Der deutsche Verkehrsminister schuf im Mai 2016 eine Kommission unter Vorsitz eines früheren Bundesverfassungsrichters, um „ethische Fragen beim Paradigmenwechsel vom Autofahrer zum Autopilot" zu klären. Das im Juni 2017 vorgelegte Ergebnis untersagt „strikt" für eine unausweichliche Unfallsituation „jede Qualifizierung nach persönlichen Merkmalen (Alter, Geschlecht, körperliche oder geistige Konstitution)" und verbietet eine „Aufrechnung von Opfern", da das Individuum „sakrosankt" ist.[4]

Diese Haltung erstaunt im Kernland der Pflichtenethik wohl ebenso wenig wie der Umstand, dass in den USA – wo der ehemalige Vizepräsident Dick Cheney die Folter verteidigte, um das Leben vieler zu retten – bereits rege empirische Daten zum utilitaristischen Trolley-Problem gesammelt werden. So initiierte das Massachusetts Institute of Technology 2016 eine Plattform, auf der Besucher in dreizehn Dilemma-Szenarien entscheiden können, wer im Ernstfall sterben soll. Das Media Lab des MIT nennt sein Mitmachprojekt *Moral Machine* und stattet es mit allen möglichen Klassifikationen aus. Man muss nicht nur wählen zwischen dem Tod eines Insassen versus fünf Fußgängern oder drei Frauen und zwei Kindern versus fünf Rentnern, sondern auch zwischen dem Tod von vier Insassen versus vier Passanten, die bei Rot die Straße überqueren. Damit geht die Verrechnungslogik über das Prinzip der Verletzungsminimierung hinaus und schließt den Verursachungsaspekt ein, der in einem weiteren Szenarium – drei Kriminelle und ein Obdachloser versus zwei Doktoren und zwei Frauen – durch den Reputationsindex ersetzt wird. Beide Perspektiven – Ansehen und Schuld – stoßen aufeinander im wohl bizarrsten Szenarium: der Wahl zwischen dem Tod zweier obdachloser Fahrzeuginsassen (sic!) und dem Tod zweier Fußgängerinnen, die bei Rot die Straße überqueren.

Die Mehrheit der über zwei Millionen Teilnehmer aus über 200 Ländern rettet erwartungsgemäß eher die Gruppe als das Individuum und eher junge als alte Menschen – und fast alle ziehen die Rettung von Menschen der Rettung von Tieren vor. Während in südlichen Ländern (Lateinamerika, Afrika) die Bevorzugung von Kindern und „higher status characters" weit höher ausgeprägt ist als im Westen (Europa, Nordamerika), ist im „Eastern cluster" (Südostasien, arabische Staaten) die „preference for sparing the lawful over the unlawful" etwas stärker und die Bevorzugung von Kindern deutlich schwächer ausgeprägt als im Westen oder Süden. Die Auswertung des Experiments listet weitere kulturell und sozial bedingte Unterschiede auf: In ärmeren, politisch weniger stabilen Ländern ist man toleranter gegenüber „pedestrians who cross illegally"; in „collectivistic cultures" ist man weniger bereit, die Älteren zugunsten der Jüngeren zu opfern.[5]

Die Analysten der Ergebnisse raten, bei der Herstellung und rechtlichen Regelung künstlicher Intelligenz diese Unterschiede jeweils in Betracht zu ziehen. Zwar solle die Präferenz der Bevölkerung nicht zwingend Schiedsrichter in ethischen Fragen sein, die Bereitschaft, selbstfahrende Autos zu kaufen, hänge jedoch unmittelbar mit der Annehmbarkeit ihrer moralischen Regeln zusammen. Das klingt plausibel. Und genau hier liegt das Problem.

Die *Moral Machine* will menschliche Perspektiven auf moralische Entscheidungen von intelligenten Maschinen wie selbstfahrenden Autos erfassen. Sie ist damit ein weiteres Beispiel für den Trend, ethische Fragen, die durch technologische Entwicklungen entstehen, empirisch-experimentell zu klären. Das methodische Problem dieser Umfrage besteht darin, dass sie diskussionslos den utilitaristischen Ansatz favorisiert. In keinem der Szenarien gibt es die Möglichkeit der Stimmenthaltung; eine Ablehnung der Zweckethik kann empirisch nicht erfasst werden. Dass die *Moral Machine* sich in einen Widerspruch zu den Prinzipien der erwähnten deutschen Ethikkommission begibt, wird im Auswertungsbericht durchaus reflektiert, aber als unvermeidbar verteidigt. Wenn man der Wirtschaft Ratschläge geben will, wie sie die Algorithmen selbstfahrender Autos programmieren soll, könne man sich nicht der Entscheidung entziehen beziehungsweise der „Aufrechnung von Opfern", wie die Ethikkommission es nennt. Und Ratschläge muss man geben, wenn man selbstfahrende Autos verkaufen will.

Dass der Rat auf Daten basiert, die quasi vor Ort erhoben wurden, ließe sich leicht verteidigen. Immerhin operiert der empirische Bottom-up-Ansatz kontextsensitiv, im Gegensatz zum prinzipiellen Top-down-Verfahren herunter vom Lehnstuhl der Philosophen und Rechtsgelehrten. Das Problem liegt allerdings tiefer. Es liegt im Pragmatismus, mit dem hier jene ethischen Prinzipien begünstigt werden, die der technische Fortschritt und das wirtschaftliche Interesse zu gebieten scheinen. Da der Todesalgorithmus nicht *nicht* programmiert werden kann, erweist sich die deontologische Ethik als unbrauchbar – zumindest in ihrer herkömmlichen Form. So muss man zum Konsequentialismus konvertieren, was international viel weniger Sorge bereiten dürfte als in Deutschland, ist doch die Menschenwürde, die das Grundgesetz so vehement an erste Stelle setzt, in der Menschenrechtserklärung der Vereinten Nationen nicht einmal erwähnt.

Oder man deutet die Anwendung des Konsequentialismus auf das vorliegende Dilemma deontologisch. Demzufolge wäre die Tötung eines Menschen durch den „Unfalloptimierungsalgorithmus" insofern kein Verstoß gegen die Würde des Menschen, als der Mensch ja der unmittelbare Zweck der eingesetzten Technologie bleibt.[6] Die neue Technologie zielt darauf, das Unfallrisiko zu minimieren. Die unvermeidliche Aufrechnung von potentiellen Opfern im Ernstfall stünde somit nur konkret im Widerspruch zum kantischen Instrumentalisierungsverbot. Abstrahiert vom Einzelfall erweist sie sich als die unvermeidliche Nebenwirkung der deontologischen Zwecksetzung des Menschen mit neuester Technik.

Tötungsregeln

Der Film zum vorliegenden Konflikt zwischen Technik und Moral existiert noch nicht. Denkbar ist ein Streifen, der die Eingangssequenz von Alex Proyas' dystopischer KI-Sience Fiction *I, Robot* (2004) ausreizt, wo ein Roboter aus zwei ins Wasser geratenen Autos nicht das Mädchen, sondern den Detektiv Del Spooner rettet, weil die Berechnung für ihn eine größere Überlebenschance ergibt. Unser Blockbuster, nennen wir ihn einfach *KI am Steuer*, würde diesen Konflikt koppeln mit den Interessen eines Autoherstellers, der seine autonomen Fahrzeuge so programmiert, dass im Unfallfalle immer die Insassen gerettet werden – so jedenfalls das Gerücht, das Käufer und Bürgerrechtler im Film gleichermaßen umtreibt. Das Argument des Autoherstellers hört man auch im wahren Leben: Die Fahrzeuginsassen haben immer eine höhere Überlebenschance als die ‚ungepanzerten' Verkehrsteilnehmer und sind zudem immer unschuldig, weil der Unfall nicht vom Bordcomputer verursacht wird, und selbst wenn, die Insassen wären nicht dafür verantwortlich.

Während in unserem Film ein Versicherungsdetektiv namens Spooker die illegale Bevorzugung der eigenen Kunden aufzudecken versucht, gerät der verantwortliche Programmierer der Firma in einen Unfall, der auch seine neunjährige Tochter betrifft, die er von der Schule abholen will. Eine Reihe von Zufällen führt dazu, dass die Tochter plötzlich einige Blocks vor der Schule auf die Straße tritt vor das Auto des Vaters. Das Auto vollzieht eine Vollbremsung, weicht aber nicht aus, um die Kollision mit einem entgegenkommenden Lastwagen zu vermeiden. So muss der Programmierer zusehen, wie sein Auto auf seine Tochter schlittert, die ihn kurz vor dem Aufprall noch erkennt und erschrocken anlächelt. Der Film endet mit dem Bekenntnis des Autoherstellers, dass die Programmierung auf falschen Prinzipien basierte, und dem Schlussbild des Vaters, der, die tote Tochter auf den Armen, aus dem Bild läuft, dorthin, wo es eine bessere Welt gibt.

Die Vorlage dieser Fiktion entstammt durchaus der Realität. So haben in der Rettungsstrategie bei Mercedes-Benz, wie dessen Sicherheitsmanager 2016 erklärte, immer die Insassen Vorrang.[7] Zum anderen findet man den Ansatz, Algorithmen nach Überlebenschancen reagieren zu lassen, auch im akademischen Diskurs, wenn, in

Anlehnung an Asimovs drei Robotergesetze, folgende Grundsätze aufgestellt werden: „1. Ein automatisiertes Fahrzeug sollte nicht mit einem Fußgänger oder Radfahrer zusammenstoßen. 2. Ein automatisiertes Fahrzeug sollte nicht mit einem anderen Fahrzeug zusammenstoßen, es sei denn, das Vermeiden einer solchen Kollision steht mit dem ersten Gesetz in Konflikt. 3. Ein automatisiertes Fahrzeug sollte mit keinem Objekt in der Umgebung zusammenstoßen, es sei denn, das Vermeiden einer solchen Kollision steht mit dem ersten oder zweiten Gesetz in Konflikt."[8]

Diese Asimov-Variation verkehrt die Prioritätensetzung von Mercedes-Benz und liefert immer zuerst die Insassen der Gefahr aus, indem die Vermeidung einer Kollision mit Fußgängern, Radfahrern und anderen Fahrzeugen Vorrang erhält vor der Kollisionsvermeidung mit einer Mauer. Das richtet sich nicht zuletzt gegen Positionen, wonach das automatisierte Fahrzeug zuerst die Kollision mit einem Verkehrsteilnehmer suchen sollte, der die größeren Chancen hat, den Aufprall zu überleben. Ein solcher Vorschlag klingt zwar plausibel, wenn dann der Mini zugunsten des SUVs verschont bleibt, offenbart jedoch seine moralische Fragwürdigkeit, wenn so der Fahrradfahrer mit statt der ohne Helm zum Kollisionsziel wird.[9]

Die Asimov-Variation formuliert das Dilemma in quasi-deontologischer Form, indem sie nicht die Tötung als Mittel der Lebensrettung rechtfertigt, sondern eine Abstufung der Pflicht, nicht zu töten – beziehungsweise Kollisionen zu vermeiden – vornimmt. Ob das eine akzeptable Lösung im Rahmen der deontologischen Ethik ist, bleibt sicher fraglich. Gewiss aber ist es eine bedenkenswerte Alternative zum Modus der Enthaltung, der darauf hinausläuft, das Auto im Ernstfall sowenig vom Wege abzubringen wie die Straßenbahn im Trolley-Fall.

Die Hersteller selbst entziehen sich noch der eigentlichen Diskussion und konzentrieren sich ganz auf technische Herausforderungen oder gesetzliche Rahmenbedingungen. Sie bewegt nicht das kantische Instrumentalisierungsverbot, sondern die Aussicht, KI-Systemen den Status einer juristischen Person zu geben, vergleichbar den Klöstern im Mittelalter und der aktuellen Regelung bei Unternehmen und Vereinen. Dies würde erlauben, Roboter – und Algorithmen als deren körperlose Verwandte – im Fall einer Funktionsstörung und Gefährdung ihrer Umwelt direkt für ihr Handeln haftbar zu machen, und jene entlasten, die diese Roboter bauen und einsetzen. Natürlich kann man eine KI schlecht zur Verantwortung ziehen oder mit der Androhung von Gefängnis- und Todesstrafe – in Form einer temporären oder endgültigen Abschaltung etwa – zu gesetzeskonformem Handeln zwingen. Aber man kann Geldstrafen verhängen, die aus der gesetzlich vorgeschriebenen Haftpflichtversicherung dieser KI zu begleichen sind. Das wäre, so die Befürworter, pragmatischer als die viel zu komplizierte und oft kaum zu klärende Frage, wer im komplexen Produktions- und Einsatzprozess der KI die Verantwortung für einen Schadensfall übernehmen soll. Die Gegner kritisieren die darin enthaltene Akzeptanz des Black-Box-Paradigmas und Unberechenbarkeitsprinzips und bestehen auf der Rekonstruktion von Verantwortlichkeiten.[10]

Die einfachste Variante, das beschriebene ethische Dilemma zu lösen, besteht darin, es zu leugnen. Die Argumentation lautet dann: Wenn selbstfahrende Autos im Ernstfall Zeit für die Entscheidung über Leben und Tod haben, haben sie auch Zeit, rechtzeitig zu bremsen, zumal sie ja streng zum risikoarmen Fahren programmiert werden. Dieser Ausblick ist so schön und betrügerisch wie die Happy End-Variante im Film: Die Passagiere überrumpeln rechtzeitig die Terroristen, das Mädchen kann kurz vor dem Drohneneinschlag noch gerettet werden, das selbstfahrende Auto stoppt gerade rechtzeitig vor dem Jungen, der seinem Ball hinterherrennt. Dieses Szenarium ist erst glaubhaft, wenn es bis zu seiner panoptischen Konsequenz gedacht wird. Die Annahme, dass die Technik so gut sein wird, dass es keine Unfälle mehr gibt, setzt voraus, dass nur noch Technik am Verkehr teilnimmt. Das ließe sich leicht dadurch erreichen, dass auch alle Fahrradfahrer und Fußgängerinnen über ein Verortungssignal vernetzt sind und so alle Bewegungsprozesse sich genau beobachten lassen und Warnsignale oder Bremsbefehle ausgelöst werden können, wenn zwei Positionskoordinaten das Abstandslimit unterschreiten. Eine Fiktion, die durchaus in der Logik der technischen Möglichkeiten liegt.[11]

Glaubhaft ist auch der Einwand, dass der Bordcomputer gar keine Zeit haben wird, die vorliegenden Handlungsoptionen wirklich zu bedenken und sich bewusst für eine zu entscheiden. In diesem Fall vermeidet man das Dilemma nicht durch Über-, sondern Unterschätzung der technischen Fähigkeiten. Beides befriedigt nicht, denn beides blockiert eine Diskussion, die zu führen ist, und zwar unabhängig von pedantischen Zweifeln daran, dass die Technik den für das Dilemma nötigen Entwicklungsstand schon erreicht habe. In diesem Sinne sei zur Vermutung ermuntert, dass, in Zeiten von G6-Internet und Quantencomputing, das Auto einmal schneller wird Daten verarbeiten können als die Schwerkraft überwinden. Dies wird ein Wissen generieren, das die Abstraktheit des Weichensteller-Dilemmas durch jene Komplexität ersetzt, die in der *Moral Machine* angelegt ist.

Gehen wir von folgendem Fall in einer nicht allzu fernen Zukunft aus: Ein Junge rennt mit einem Drachen auf die Straße, direkt vor einen autonom fahrenden Mercedes. Der Bordcomputer weiß durch Gesichtserkennung und Data Mining im Internet in Sekundenbruchteilen, dass die Ärzte der Frau am Straßenrand noch eine Lebenserwartung von zehn Monaten geben, dass der Fahrradfahrer neben der Frau zwei kleine Kinder hat, dass ein weiterer Passant und potenzielles Kollisionsziel das einzig verbliebene Kind seiner pflegebedürftigen Mutter ist und dass die Ausweichrichtung, in der sich kein Mensch befindet, über das gebrechliche Brückengeländer auf ein Bahngleis in 50 Meter Tiefe führt. Der Bordcomputer, der künftige Generationen sowie Tiere in die utilitaristische Schmerzbilanz einbezieht, kennt natürlich auch den ökologischen Fußabdruck der Beteiligten (die Frau ist keine Vegetarierin, der Fahrradfahrer Vielflieger) sowie ihre Likes, Shares und Kommentare in den sozialen Netzwerken …[12]

Verfassungswidrigkeit

Welche Entscheidung auch immer der Computer trifft, welche Rolle auch immer die Erkenntnisse aus dem Internet dabei spielen mögen, die Verfassungswidrigkeit beginnt nicht erst mit der Lebenswertanalyse im Gefahrenmoment. Sie besteht in der Ausstattung des Algorithmus mit bestimmten Parametern der Klassifizierung – und das Klassifizieren liegt jedem Algorithmus im ‚Blut' –

sowie einer bestimmten Wenn-Dann-Logik, die dieser im Ernstfall abarbeitet. Manche Autos mögen daher dem Kind, das den Unfall verursacht, nicht ausweichen, erst recht nicht, wenn es ein Jugendlicher ist, der Pokémon Go auf seinem Handy spielt, und wenn im Auto selbst Kinder sitzen. Andere Autos mögen zielsicher auf die Frau zusteuern, die nicht mehr lange zu leben hat. Wieder andere aufs Brückengeländer. Der Gesetzesverstoß liegt in der *Vor*entscheidung. Denn sie erfolgt, anders als die reflexhafte Reaktion eines menschlichen Fahrers, die kaum als Entscheidung zu bezeichnen ist, mit Bedacht und kaltem Blut.

Die Entscheidung, die der Algorithmus eines selbstfahrenden Autos treffen wird, ist aus ethischer Perspektive immer schlechter als die eines Menschen, weil sie prostatt reaktiv erfolgt. Es hat seinen Grund, dass solche Fragen nach dem Verhalten im hypothetischen Ernstfall nicht Teil der Fahrprüfung sind. Es kann kein richtiges Verhalten abgefragt werden, weil ein solches nicht festgelegt werden darf. Beim selbstfahrenden Auto aber muss die Entscheidung über Leben und Tod lange vor Antritt der verhängnisvollen Fahrt getroffen werden, vielleicht an einem schönen Sommertag im Park, da man am Smartphone die Elemente des neuen Autos aussucht und nach Farbe und Polsterung per Fingerklick auch den gewünschten Todesalgorithmus bestimmt. Es ist die Automation der Entscheidung, die Entscheidungen autonomer Autos unmoralisch macht.

Das Dilemma ist symptomatisch für die neuen Technologien: Sie bringen ethische, psychologische und politische Fragen mit sich, die noch gestern völlig unverständlich gewesen wären. Das betrifft die Frage der Vorbeugehaft, wenn per „predictive analytics“ eine Straftat aufgedeckt wird, die noch gar nicht begangen wurde. Das betrifft die Frage der Informationspflicht, wenn die DNA-Analyse eine unheilbare tödliche Krankheit voraussagt. Es betrifft die Entscheidung über Leben und Tod, die bisher dem situativen individuellen Reflex überlassen war und nun mit gesellschaftlicher Zustimmung festgelegt werden muss. Wer wird die Todesalgorithmen in unseren Autos programmieren? Werden die Fahrzeughalter, so wie ja auch bisher im Ernstfall, die Wahl haben; eventuell mit der Auflage, diese nicht spontan im sonnigen Park zu treffen, sondern nach einer Konsultation der zuständigen Ethikbeauftragten ihres Wohngebiets? Wird die Programmierung des Algorithmus beim Fahrzeughersteller liegen? Wird es verschiedene Algorithmen für verschiedene Fahrzeugklassen geben? Für verschiedene Automarken? Für verschiedene Länder? Wird die Politik der Wirtschaft die Entscheidung aus der Hand nehmen und, gegebenenfalls nach einer Volksabstimmung, einen bestimmten Algorithmus anordnen? Wird es einen UN-Beschluss geben? Einen Schwarzmarkt?

Es gehört zum Wesen von Technik, Standardisierungen zu schaffen. Das drückt sich schon im begrifflichen Ursprung aus: *téchne* als Methode. Technik im engeren Sinne eines Apparates oder technischen Systems überführt Handlungsweisen aus dem Bereich der individuell variablen Anwendung in den Modus des Expliziten, Verbindlichen, Wiederholbaren. Diese technische Harmonisierung geschieht mehr oder weniger konsensfrei, weil die Details des Wenn-Dann-Verfahrens – wenn Metallbohrung, dann geringere Drehzahl, wenn Blech, dann Vorbohren – nicht mehr diskutiert werden, was gelegentliche Nachjustierungen und Improvisationen keineswegs ausschließt. Die Standardisierung erfolgt auch, wenn

Fahrverhalten und andere Prozesse, die bisher individuell und situationsbedingt geregelt wurden, automatisiert werden. Allerdings ist sie dann keine intrinsisch technische mehr in dem Sinne, dass Richtschnur wird, was sich pragmatisch bewährt hat. Es handelt sich um eine *ethische* Standardisierung, in der sich weniger der Stand der Ingenieurskunst ausdrückt als das moralische Selbstverständnis der Gesellschaft. Die damit einhergehende Konsensfrage, die Frage nach den Richtlinien der Normierung stellt sich weniger dramatisch, aber gleichfalls prinzipiell, wenn etwa dem automatisierten Staubsauger gesagt werden muss, ob ein Marienkäfer oder eine Spinne als Lebewesen verschont oder als Form von ‚Dreck' eingesaugt werden soll. Auch wenn diese Automatisierung personalisierbar ist, sie standardisiert Situationen und überführt bisher spontane Handlungsweisen in verbindliche Vorschriften: Wenn Käfer, dann Umfahren, wenn Spinne, dann Einsaugen.

Den Todesalgorithmus für Kleinsttiere wird man den Staubsaugerbesitzern überlassen und den Tierschützern, die gegebenenfalls die Modelle mit Tötungsoption boykottieren werden. Wenn es um Menschenleben geht, ist das Prinzipielle ungleich dramatischer. Die naheliegende Ansicht besagt, dass die ethische Ausstattung eines Autos nicht dem Hersteller überlassen werden kann. Andernfalls wird dieser sich mit dem moralisch bedenklichen Versprechen, der Insassenrettung Priorität zu geben, einen Wettbewerbsvorteil zu verschaffen suchen und damit andere Hersteller zur gleichen Zusicherung drängen. Eine staatliche Regelung ist allerdings nicht weniger problematisch. Das zeigt die Warnung der erwähnten Ethikkommission vor einem „Paternalismus des Staates, bei dem eine ‚richtige' ethische Handlungsweise vorgegeben wird". Aber wie soll die Regelung erfolgen, wenn sie nicht mehr, wie es das Wertebild des Humanismus vorsieht, dem Individuum überlassen werden kann? Die Antwort bleibt vorerst unklar. Empirisch belegt hingegen scheint, dass die meisten Befragten zwar dafür plädieren, im Ernstfall das Leben der Fahrzeuginsassen zu opfern, um das Leben anderer zu retten, selbst aber kein Auto kaufen würden, das Partei für die anderen ergreift.[13]

Opferlogik

So groß das ethische Dilemma der Todesalgorithmen auch ist: Ihnen nicht die Regie zu überlassen, wäre auch keine Lösung. Noch unmoralischer, als kühl und herzlos das Leben eines Kindes gegen das eines Rentners abzuwägen, wäre es, eine Technologie zu blockieren, die Zehntausende von Unfalltoten pro Jahr verhindern könnte. So jedenfalls die Argumentation der Befürworter des autonomen Fahrens und die Rechnung des Utilitarismus. Die Statistik ist das Totschlagargument der neuen Technologien, ganz gleich welche ethischen Dilemmata diese mit sich bringen. Selbst militärische Drohnen und autonome Waffen werden schließlich genau damit gerechtfertigt: weniger Kollateralschäden um den Preis ihrer konkreten Akzeptanz.

Etwas anders verhält es sich mit dem Argument, im Ernstfall immer die Fahrzeuginsassen zu opfern. Zwar trifft diese die geringste Schuld an einem Unfall, wenn sie nur über den Algorithmus vermittelt am Straßenverkehr teilnehmen. Zwar werden, insofern Algorithmen verlässlicher operieren als Menschen, gerade jene die Unfälle verursachen, die nicht im Auto sitzen: das Kind, das dem Ball hinterher läuft, die Fußgängerin am Handy, der Fahrradfahrer, der das Gleichgewicht verliert. Aber es gilt zu unterscheiden zwischen der konkreten Schuld, die aus menschlichem Fehlverhalten resultiert, und jener generellen Schuld, die aus dem Technologiegebrauch folgt. Denn die eigentlichen Mobilitätsrisiken werden nicht von Fußgängern oder Fahrradfahrern erzeugt, sondern vom Autoverkehr, der schwere Gegenstände so schnell durch den Raum bewegt, dass ein Zusammenstoß damit tödlich sein kann. Auch wenn die Anzahl an Unfallopfern durch selbstfahrende Autos gesenkt wird, das Todesopfer *an sich* ist eine Folge des Autoverkehrs. Verlangt die neue Technologie eine Vorentscheidung zur Ausweichstrategie des Fahrzeuges im Ernstfall, wäre es also durchaus angemessen, das Opfer den Nutznießern des Mobilitätsrisikos aufzubürden.

Die Grundeinstellung der Fahrzeuginsassenopferung wäre ein symbolisches Opfer, das die Gesellschaft im Ausgleich für die Segnungen der neuen Technik all jenen abverlangt, die diese Technik nutzen. Es wäre in gewissem Sinne zugleich ein technisch basiertes Update jenes wirkmächtigen Konzepts, wonach das Individuum erst dann zu sich selbst findet, wenn es freiwillig für das Vaterland – als das Höhere, in das der Einzelne aufgeht – in den Krieg zieht. Der Unterschied: Man verschreibt sich nun nicht einem Mechanismus, der auf Zerstörung aus ist, sondern einer Technologie, die auf Kollisionsvermeidung zielt, was das Risiko, tatsächlich ein Opfer bringen zu müssen, auf eine akzeptable Höhe senkt. Die Vorbereitung der Gesellschaft auf diese Opferbereitschaft wird im Kontext einer anderen, ebenfalls mehr Sicherheit versprechenden und ebenfalls nicht unfallfreien Technologie erfolgen, die viel näher als das völlig autonome Auto vor ihrer generellen Einführung steht: die flächendeckende automatisierte Gesichtserkennung an öffentlichen Plätzen zur Bekämpfung von Kriminalität und Terrorismus. Auch bei sinkender Fehlerquote werden dieser Technologie Unschuldige zum Opfer fallen, was insgesamt aber selbst diese nicht davon abbringen wird, dem Einsatz solcher Sicherungssysteme zuzustimmen.

Eine andere Lösung wäre die Abstimmung: die Behandlung des ethischen Dilemmas mit quantitativen Mitteln. Was allerdings die einen als Basisdemokratie begrüßen würden, wäre den anderen als Maximierungskalkül Objekt der Kritik. Denn schon die Abstimmung, ob das Prinzip der deontologischen Ethik zur Disposition stehen und im Ernstfall eine utilitaristische Aufrechnung von Menschenleben stattfinden sollte, würde – als quantitatives Verfahren der Entscheidungsfindung – dem Vermessungsprinzip des Utilitarismus den Vorrang geben. Gewinnen würde nicht das beste Argument, sondern die größte Zahl, das also, was am meisten Zustimmung erringt und damit, wenn nicht Glück, so doch Zufriedenheit mit dem Ergebnis maximiert. Zieht man dann noch in Betracht, dass die Algorithmen, über deren Programmierung abzustimmen ist, letztlich nichts anderes sind als komplexe Rechenoperationen, lässt sich das Ganze, systemübergreifend, als eine bizarre Rückkoppelung des Mathematischen beschreiben: Die ethischen Probleme, die aus dem Erfolg des Systems Mathematik resultieren, werden selbst wiederum in mathematischer Form gelöst.

Angesichts der nicht nur durch die *Moral Machine* bestätigten regionalen Unterschiede liegt es freilich nahe, die Algorithmen unterschiedlich zu programmieren und die Entscheidung oder eben Abstimmung dazu regional vorzunehmen. In der Folge könnten, je nach moralischem Selbstverständnis und Mehrheitsentscheid, bestimmte Länder die Selbstopferung vorschreiben, andere streng utilitaristisch vorgehen und wieder andere immer der Rettung der Insassen den Vorrang geben. Natürlich ließen sich die Algorithmen per GPS leicht auf die territorial jeweils geltenden Normen rekodieren, um die unterschiedlichen Wertvorstellungen national durchzusetzen. Aber soll VW fern ab vom deontologischen Deutschland in südlichen Ländern tatsächlich autonome Autos anbieten, die vor allem das Leben von „higher status characters" und Haustieren schützen oder das der heiligen Kuh? Das wäre so befremdend, wie wenn Google in China die Welt so darstellen würde, wie es den dortigen Machthabern genehm ist. Hieße die regionale Entscheidung nicht, den moralischen Normen den Anspruch einer universalen Geltung und damit ihre moralische Rückversicherung zu entziehen?

Angemessener erscheint da der Vorschlag, im Ernstfall einen Zufallsgenerator über die anzuwendende Norm entscheiden zu lassen. Der Verstoß gegen das Aufrechnungsverbot von Menschenleben wäre dann durch dessen Variabilität getilgt. Die Entscheidung der künstlichen Intelligenz näherte sich dem Modus der menschlichen Spontaneität. Aber auch dies wäre keine verfassungsgemäße Programmierung. Auch dies würde die am Straßenverkehr beteiligten Personen „zu einem bloßen Objekt degradieren"; ganz zu schweigen von anderen Abwägungen, wenn Gefahrlastgüter involviert sind, die im Kollisionsfall weitreichende Umweltschäden nach sich ziehen würden.[14] Deswegen sei auf der Frage beharrt, ob es möglich ist, einer global operierenden Technik einen ethischen Standard zu geben, der global Verbindlichkeit beanspruchen kann. Dabei geht es um mehr als die Beseitigung regionaler Differenzen. Es geht um die Frage, ob sich auf der Ebene der angewandten Ethik die gegensätzlichen Perspektiven einer Allgemeinen Ethik, hier als deontologisch und konsequentialistisch markiert, versöhnen lassen.

Die Voraussetzungen stimmen nicht optimistisch. Werte und die daraus ableitbaren Rechte sind nicht universell, sondern kulturell verschieden. Das zeigt, wenn es um universell geltende Menschenrechte geht, nicht zuletzt die *Bangkok Declaration on Human Rights* 1993, die „Asian Values“ gegen den ‚Menschenrechtsimperialismus‘ des Westens in Stellung bringt. Den kulturellen Unterschied, wenn es um das Weichensteller-Dilemma geht, bezeugen die Erhebung der *Moral Machine* sowie eine Umfrage, wonach wesentlich mehr US-Amerikaner als Chinesen bereit sind, die Weiche umzulegen oder den fetten Mann von der Brücke zu stoßen. Der Grund dafür liegt sicher in der Interventionsabstinenz von Taoismus und Buddhismus sowie im autoritären Regierungssystem Chinas, das die Einzelnen kaum ermuntert, selbstverantwortlich Entscheidungen zu treffen. Bemerkenswert in diesem Kontext ist, dass zwar nicht alle, aber die meisten Aufführungen des *Terror*-Dramas in China und Japan mit einem Schuldspruch enden: 11 von 21 in China, 15 von 23 in Japan. Zum Vergleich: In Taiwan führten alle acht Aufführungen zu einem Freispruch und weltweit endeten nur 191 der insgesamt 2472 Aufführungen mit einem Schuldspruch (Stand 1. Februar 2020).[15]

Die Frage lautet, leicht modifiziert: Befördert Technik ein transkulturelles Einvernehmen? Die Frage leitet sich aus der Feststellung ab, dass Technik Standardisierung bedeutet und die Technisierung von Handlungsabläufen – zumal auf der Ebene der Automatisierung – die

Überwindung des Besonderen und Vielfachen mit sich bringt. Ist dies auch zu erwarten, wenn es nicht um die Standardisierung des Handwerks geht, sondern des Denkens? Wer entscheidet dann über die optimale Form technisierter Abläufe? Kann Technik die Werte, die ihre Operationsweise bestimmen sollen, selbst mitbringen?

Technikkultur

Die Lösung dieser Frage liegt am ehesten im *deep learning*-Modell der Algorithmen. Diese Variante des maschinellen Lernens beruht auf einem selbstadaptiven Algorithmus, der sich von einem Instrument in den Händen der Menschen zu einem Akteur mit eigener Datenverarbeitungsstrategie und Entscheidungslogik emanzipiert. Ethische Kompetenz stellt natürlich vor andere Herausforderungen als die Fähigkeit der Spamerkennung, die der SpamAssassin entwickeln musste. Die Situationsanalyse, die das Handeln bestimmt, muss damit umgehen, dass es verschiedene, jeweils kulturell bestimmte Perspektiven der Situationsbewertung gibt. Lassen die sich normativ versöhnen? Kann ein Algorithmus die Unterschiede zu einem kleinsten gemeinsamen Nenner vereinen? Wäre dieser groß genug?

Ein empirischer Ansatz, der in ähnlicher Weise am Georgia Institute of Technology und an der Technischen Universität Darmstadt verfolgt wird, besteht darin, dem KI-System literarische Texte, Filme und „crowdsourced material“ (via Amazons Mechanical Turk) vorzulegen, aus dem menschliche Entscheidungen in verschiedenen Verhaltenssituationen erkennbar werden. Natürlich entkommt dieser Ansatz dem Vorwurf „Machine learning is like money laundering for bias", so ein berühmter Tweet[16], nur, wenn die Daten, an denen der Algorithmus trainiert, entsprechend repräsentativ sind. Nur wenn das Informationsinput konsequent pluralistisch organisiert ist – und im vorliegenden Falle zum Beispiel auch genügend Stimmen (Texte, Videos, Bilder) aus Afrika und von den Aborigines enthält –, sind Abbild und Ausgleich der Differenzen in fairer Weise möglich. Es verhält sich nicht anders als im Jury-Theorem von Nicolas de Condorcet, wonach die Aussicht auf eine richtige Aussage oder Entscheidung mit der Menge und Diversität der konsultierten Personen wächst. Lässt sich diese Logik, die das Konzept der „Weisheit der Vielen" bestimmt, auf den Lernprozess von Algorithmen übertragen? Ist die Datenmenge, die das Internet diesem Lernprozess anbietet, so allumfassend und mannigfaltig, dass sich eine Art globaler Mehrheitsentscheid ergibt, der dann auch dem Todesalgorithmus universelle Gültigkeit verschaffen könnte?[17]

Die Erfüllung der Voraussetzung ist unwahrscheinlich. Um für den KI-Input nicht nur alle Kulturen, sondern alle individuellen Wertesysteme zu berücksichtigen, bräuchte es eine Kopie der gesamten Welt im Internet, was nur ginge, wenn *alle* Menschen *immer* digital agierten. Aber auch wenn dies derzeit unmöglich zu sein scheint, das Internet enthält schon heute weit mehr Perspektiven auf die Welt als das Umfeld eines beliebigen Individuums je offerieren kann. Ließen sich Algorithmen also trotzdem in gewisser Weise mit einer Moral ausstatten, die über den Differenzen der Menschen steht, indem sie diese synthetisiert? Wäre dies der Triumph der Technik über die Kultur und deren Vielfalt?

In jedem Falle wäre ein solcher Triumph die Rückkehr zu einer Harmonie, die gerade beim ersten großen

Technikunternehmen der Menschen verlorenging: dem Turmbau zu Babel. Gott sah in diesem Turm, dessen Spitze „an den Himmel" reichen sollte, eine Selbstüberhebung der Menschen: „Siehe, sie sind ein Volk und haben alle eine Sprache, und dies haben sie angefangen zu tun; und nun wird ihnen nichts verwehrt werden, was sie zu tun ersinnen." (Gen. 11,6) Zur Abwehr dieser Bedrohung verwirrte Gott die Sprache der Menschen, sodass diese wegen der eintretenden Verständigungsschwierigkeiten ihr Bauvorhaben aufgeben mussten und sich zerstreuten „über die ganze Erde".

Was die Bibel als Geschichtsmythos erzählt, gehört zum Basiswissen der Kulturwissenschaft und Philosophie. Sprache macht „Abdruck in der Seele", wie Herder es formulierte, Sprache ist „das Haus des Seins", wie Heidegger es sagte.[18] Die babylonische Sprachverwirrung symbolisiert den Beginn kultureller Differenzierung, die – mittels Soziolekt, Ideologie, Diskurs und anderen Formen der Gruppensprache – durchaus auch innerhalb einer natürlichen Sprache entsteht. Aus diesen Differenzen resultieren schließlich all die unterschiedlichen Realitätsauffassungen und Wertvorstellungen, die nicht zuletzt ein global operierender Todesalgorithmus am Steuer autonomer Fahrzeuge miteinander zu versöhnen hätte. Die Aussicht ist vielleicht besser, als vorhin vermutet.

Denn anders als der Mensch ist der Algorithmus weder von kulturellen noch von biologischen Faktoren abhängig, sofern er sich im Verfahren des *deep learning* und *distant reading* von seinen Programmierern emanzipiert. Die Interaktionen der künstlichen Intelligenz, die aus einem solchen Algorithmus erwächst, mit potenziell allen Kommunikationsangeboten der Welt unterscheidet sich grundsätzlich von den sozialen Beziehungen menschlicher Intelligenz. Künstliche Intelligenz bleibt nicht an den Horizont einer bestimmten Sprache und an die Praxis bestimmter Diskurse gebunden; sie erzeugt kein religiös oder politisch vorgeformtes Bewusstsein und Selbstverständnis. Sie ist Technik jenseits der Kultur, insofern sie das Wissen, Denken und Fühlen *aller* Kulturen aufsaugt. Sie ist Kultur jenseits kultureller Grenzen, insofern das Netzwerk, aus dem sie entsteht, keine bestimmte historisch gewachsene Seinsweise favorisiert, sondern den Durchschnitt, der aus allen denkbaren und verfügbaren Variationen des Seins sich ergibt. Der tiefere Sinn der *Singularity*-These ist die technische Überwindung kultureller Pluralität.

Das praktische Beispiel dieser Singularitätsbewegung ist die KI des autonomen Autos, die idealtypisch *alle* Fahrerfahrung, die menschliche und künstliche Intelligenz macht, verarbeitet. Natürlich werden sich hier auch unterschiedliche Fahr-KIs entwickeln, wenn unterschiedliche Inputs vorliegen und proprietär verarbeitet werden, was zumindest Absicht für die KI autonomer Waffen sein wird. Das ‚natürliche' Ziel – des Menschen und perspektivisch der KI – besteht aber nicht in der Diversität der Bordcomputer mit ungleichen Reaktionen auf gleiche Situationen, sondern darin, aus einem allumfassenden Input jeweils *einen* Output für jede denkbare Situation zu generieren. Dies gilt um so mehr, wenn nicht mehr Programmierer den Lernvorgang der KI instruieren, sondern dieser ohne Aufsicht in der freien ‚Wildbahn' des Internets aller Dinge, Menschen und Aktionen geschieht. Je fortgeschrittener die KI, um so weniger ist sie plural zu denken.

Aber wie muss man sich die Synthese vorstellen, die ein Algorithmus aus all den Daten erzeugt, die sein ‚Weltbild' bestimmen? Wie sähe der kleinste gemeinsame Nenner zwischen Abtreibungsgegnern und -befürwortern aus? Wohl kaum wie die Kompromisse einer Großen Koalition. Wenn die Wertvorstellungen der Weltbevölkerung algorithmisch aufgerechnet werden, gewinnt nicht die Mitte, sondern die Mehrheit. Normativ ist dann, was nummerisch das Normale ist, wie bei der Publikumsbefragung in Schirachs *Terror* und der Moral Machine: experimentelle Ethik statt Lehnstuhl-Philosophie. Das Ergebnis dürfte Chinas Autoritarismus näher sein als dem Liberalismus des zahlenmäßig unterlegenen Westens.

Die Ironie dieser KI-Moral in autonomen Fahrzeugen läge nicht nur im Comeback konservativer Kultur durch revolutionäre Technik. Sie läge auch darin, dass diese Technik trotz ihrer universellen Geltung zugleich jenen universellen Wert außer Kraft setzt, auf dem der Grundsatz der unantastbaren Menschenwürde beruht: die Gattungszugehörigkeit des Menschen. Die Menschenwürde ist ja gerade deswegen unantastbar, weil sie kein kulturelles, soziales, ja nicht einmal moralisches Kriterium in Rechnung stellt, sondern allein ein biologisches: die Tatsache, ein Mensch zu sein. Das bedeutet in der Konsequenz zum einen, dass auch jene homo sapiens moralisch und rechtlich schutzwürdig sind, die nicht über die Eigenschaft der Vernunft verfügen wie Embryonen oder dauerhaft komatöse Patienten. Zum anderen deckt dieser Schutz auch Kriminelle und Terroristen ab, denen man trotz ihrer Verbrechen biologisch das Menschsein nicht absprechen kann.

Konsequentialistisch gesehen lässt sich diese universelle Geltung der Unantastbarkeit mit dem Argument der Gefahrenbeseitigung und des Opferschutzes – oft auch erweitertes Notwehrrecht genannt – durchaus in Frage stellen. Dies geschieht nicht nur, wenn in Fiktionen und Gesetzesvorschlägen ein gekidnapptes Flugzeug zur Verhinderung von Schlimmerem abgeschossen wird. Es liegt der „Rettungsfolter" zugrunde, mit der man zu erfahren hofft, wo die Zeitbombe versteckt ist, die Tausende von Menschen töten kann. Diese Position kann rechtstheoretisch zudem damit verteidigt werden, dass sich Terroristen selbst außerhalb des Menschseins begeben und so das Recht auf die Unantastbarkeit ihrer Menschenwürde verlieren.[19] Versteht man das Menschsein auf diese Weise nicht mehr biologisch, sondern normativ und erlaubt dem Staat, die Würde der Opfer gegen die des Täters auszuspielen, nimmt man freilich Relativierungen in der Unantastbarkeit der Menschenwürde vor, die sich letztlich kaum kontrollieren lassen. Die Argumentation, bis zu welchem Verbrechens- und Gefährdungsgrad ein Mensch noch die Unantastbarkeit seiner Würde verdient, wird je nach philosophischem, politischem, kulturellem Hintergrund unterschiedlich ausfallen und die Idee des Universellen jenseits kultureller Vielfalt ad absurdum führen. Wie begegnet man der Ansicht, dass Sodomiten, Abtreibungsbefürworter oder Ungläubige sich außerhalb des Menschseins stellen, wenn dieses nicht mehr bedingungslos gilt?

Genau diese Relativierung der universellen Menschenwürde ist bei einem Todesalgorithmus mit universeller Geltung unvermeidlich. Denn der Algorithmus muss ja nach allgemeinen Kriterien handeln, die in jedem vergleichbaren Fall verlässlich zur gleichen Entscheidung führen, diese(s) Leben statt jene(s) zu retten beziehungsweise diese(s) für jene(s) zu opfern. Er muss nach allgemeinen Kriterien die gelegentliche Antastbarkeit der Menschenwürde klären, die Möglichkeit, diese/n

Menschen zum Mittel der Rettung jenes/r Menschen zu degradieren. Die Degradierung auf der Grundlage eines quantitativen Vergleichs – so im Weichensteller-fall – bereitet letztlich die Relativierung von Lebenswert in qualitativer Hinsicht vor, wie es in der *Moral Machine* geschieht: zwischen Alten, Kindern, Obdachlosen, Kriminellen, ‚Unbescholtenen' und ‚Ehrenhaften'.

Sachordnungen

Die Ersetzung der spontanen Entscheidung in einer konkreten Situation durch eine *universelle* Regel – ein „allgemeines Gesetz" wie Kant sagen würde – markiert die moralische Unmöglichkeit der KI in deontologischer Hinsicht. Um dem Todesalgorithmus am Steuer autonomer Fahrzeuge überhaupt moralische Anweisungen geben zu können, die als Grundlage einer allgemeinen Gesetzgebung taugen, wird man das Modell der deontologischen Ethik, Eckpfeiler der deutschen Leitkultur, aufgeben müssen. Man wird Modelle der „Abstufung im Unrecht" adaptieren, die eine Pflicht zur Schadensminimierung postulieren und dazu die Tötung von Unschuldigen rechtfertigen.[20] Solche Modelle sind das unscheinbare, aber ebenso folgenschwere Pendant zur Aufhebung des Folterverbots. Denn auf dem Spiel steht mehr, als das hier gewählte Beispiel des autonomen Fahrens und die Referenz zum Weichensteller-Dilemma zunächst vermuten lassen. Auf dem Spiel steht das „Tabu" der Unantastbarkeit der Menschenwürde.[21]

Während die Infragestellung dieser Unantastbarkeit im Falle des aufgehobenen Folterverbots durch die weltpolitische Entwicklung und deren Gefahren für das gesellschaftliche Zusammenleben motiviert ist, liegt der Grund im Falle des autonomen Fahrens in der technischen Entwicklung mit ihrer neuen Konstellation der Mensch-Maschine-Interaktion. Und so wie gesellschaftliche und technische Entwicklungen zuvor die Unantastbarkeit Gottes in Zweifel zogen, so stellen sie nun die „Sakralisierung“ des Menschen zur Disposition. Der „Kult des Individuums“, der auf den Verlust eines (religiösen) Kollektivbewusstseins im ausgehenden 19. Jahrhundert antwortete, wird relativiert durch die Logik der Zahl, die, wie die Reaktion des Publikums auf das Gerichtsdrama *Terror* und auf das Experiment der *Moral Machine* zeigen, der Gruppe (an Geretteten) den Vorzug vor dem (bislang unantastbaren) Individuum gibt.[22]

Insofern die Abwägungsresistenz der Menschenwürde nicht zuletzt darauf zielt, dem Einzelnen in seinem Eigenwert „einen nicht antastbaren Freiheitsbereich gegenüber Kollektivinteressen zu garantieren“,[23] bedeutet das mittlerweile staatlich praktizierte, rechtswissenschaftlich verteidigte und experimentell nahegelegte Abwägungsmodell eine Neuordnung des Machtverhältnisses zwischen Individuum einerseits und Kollektiv beziehungsweise Staat andererseits. Kernpunkt der neuen Ordnung ist eine Art ‚Kult der Gesellschaft‘, der die Interessen des Ganzen über die Rechte des Einzelnen stellt. Die Implikationen, die ein solches Unterordnungsgebot enthält, sind nicht nur die Aufwertung der Quantität im Sinne des klassischen Weichensteller-Dilemmas, sondern, wie die Verrechnungskriterien der *Moral Machine* zeigen, zugleich die Diskriminierung in qualitativer Hinsicht. Im Opfer des Einzelnen gegenüber dem Kollektiv wird auch das Primat des Biologischen gegenüber der Ideologie aufgegeben.

„Der Zweck heiligt die Mittel" heißt das Sprichwort und die Losung von Weltverbesserern, die im Namen des Kampfes für die Menschheit die Menschenwürde antasten und das Individuum zum Mittel des höheren Zwecks degradieren. Im vorliegenden Fall wird die Zweck-Mittel-Vertauschung allerdings weniger durch Menschen betrieben als durch Technik befördert. Dies ist für die weiteren Überlegungen wichtig. Technik bringt ihre eigenen Postulate für das Denken und Handeln der Menschen mit sich, wie der kanadische Medienwissenschaftler Marshall McLuhan mit seiner berühmten Formel „the medium is the message" unterstrich. Der deutsche Soziologe Georg Simmel sprach in dieser Hinsicht ein halbes Jahrhundert zuvor von „Sachordnungen", die der Mensch sich mit seinen Erfindungen schafft und die ihm, und zumal den künftigen Generationen, dann als äußere Kräfte gegenübertreten. So wird der Mensch – das ist die Tragödie, von der Simmel in seinem Essay „Der Begriff und die Tragödie der Kultur" 1911 spricht – mit fortschreitender Welteroberung zunehmend Opfer seiner Macht. Eine Tragödie ist dies nicht nur, weil künftigen Generationen die Rechtsgrundlage fehlt, ihre Vorfahren für die geschaffenen Sachordnungen und -zwänge zu verklagen. Es ist auch eine Tragödie, weil der Mensch trotz dieser beunruhigenden Aussicht nicht in der Lage ist, auf weitere technische Erfindungen zu verzichten.

Dieses Nicht-Anders-Können und sein anthropologischer, geschichtsphilosophischer Hintergrund werden uns noch beschäftigen. Für die bisherige Diskussion bleibt festzuhalten, dass mit der künstlichen Intelligenz eine Technik entsteht, die ihre eigenen ethischen Präferenzen mit sich bringt. Algorithmen in autonomen Fahrzeugen sind schwer vereinbar mit dem im Deutschen

Grundgesetz verankerten deontologischen Prinzip der unantastbaren Menschenwürde. Ihr Operationsmodus, der eine Sachordnung der Mathematik ist, zielt auf das utilitaristische Modell der quantitativen Optimierung. Die Gefahr der Maschinenethik, so ist die Tragödie der Sachordnungen zu aktualisieren, besteht darin, „dass wir unsere Moralvorstellungen daran anpassen, was sich programmieren lässt."[24] Eine solche Anpassung wird nicht nur durch Entscheidungsmodelle wie die *Moral Machine* forciert. Sie äußert sich noch im Bestreben, KI-Systeme als eine juristische Person zu etablieren, weil sich im komplexen Verfahren des *machine learning* mögliche Fehlleistungen nicht auf konkrete Programmierschritte zurückführen lassen, um Verantwortlichkeiten zu rekonstruieren.

So zentral und gefragt auch die Moral- und Rechtsphilosophie für die Produktion des selbstfahrenden Autos sein mag, ihr ist offenbar nicht erlaubt, diese durch einen ‚falschen' Ansatz, wie eben den deontologischen, zu blockieren. Eine Vermutung, die auch durch die Entscheidung des deutschen Verkehrsministers gedeckt ist, das Votum der von ihm einberufenen Ethikkommission gar nicht erst abzuwarten, sondern noch vor dem Abschlussbericht das Gesetz zur Einführung des automatisierten Fahrens durchs Parlament zu bringen. Die Philosophie scheitert im Augenblick ihrer höchsten Popularität und wird zur Magd der Technik – oder der Wirtschaft, die diese durchsetzen will.

Das autonome Fahrzeug steht als Beispiel dafür, dass die neuen Technologien der Gesellschaft einen ethischen Paradigmenwechsel aufzwingen. Die Abwägungsresistenz der Menschenwürde lässt sich nicht aufrechterhalten, wenn die Abwägung der Unfallopfer vorprogrammiert werden muss. So bestimmt die technische Sachordnung die Entwicklung der juristischen Perspektive. So dominiert im Verhältnis Mensch-Maschine diese über jenen. Und so wird wohl eher der Artikel eins des Deutschen Grundgesetzes fallen als der 1791 verabschiedete und seit langem in der Kritik stehende zweite Zusatzartikel zur Verfassung der Vereinigten Staaten, der den Besitz und das Tragen von Waffen erlaubt.

Legen wir also einen höheren Gang in der Betrachtung unseres Gegenstandes ein. Fragen wir nach dem Determinationsverhältnis von Technik und Kultur jenseits des autonomen Fahrzeugs. Versuchen wir im Algorithmus hinter dem Steuer das zu sehen, was sich darin ankündigt: den Steuermann der kommenden Gesellschaft.

Denn in der Gesellschaft der Zukunft wird der Computer nicht (nur) das tun, was Menschen ihm sagen, sondern aus dem, was diese sagen und tun, (auch) eigene (Ent-)Schlüsse ableiten. Dieser Unterschied wird in der Fachwelt als Wechsel von der schwachen zur starken KI beschrieben und je nach Betrachtungsperspektive mehr oder weniger (schnell) für möglich gehalten. Während Skeptiker lediglich den Fortschritt von der sehr schwachen zur schwachen KI konstatieren, betonen Optimisten, dass KI schon heute dabei ist, das Lernen zu lernen und daher in nicht zu ferner Zukunft weit mehr wird tun können, als stur die Befehle der Programmierer auszuführen. Wie intelligent Software sein kann und was Intelligenz überhaupt ist, das sind technische und philosophische Fragen, über die sich lange streiten lässt. Für die hier unternommene Überlegung reicht die gewitzt-tiefsinnige Umschreibung des Kreativitätsgebots: Intelligenz ist das, was man einsetzt, wenn man nicht weiß, was man tun soll. Software ist *dann* KI, wenn sie auch in einer Problemlage, für die sie nicht programmiert wurde, Handlungsoptionen korrekt einschätzen und die richtige auswählen kann.

Aus den unterschiedlichen Befunden resultieren unterschiedliche Ansichten über Gefahr und Verantwortung. Wenn schwache KI, dann sind es immer Menschen, die hinter dieser stecken. KI heißt in diesem Falle eher „maschinelles Lernen", „Algorithmen" oder „sehr schneller Computer" und ist beherrschbar, sofern die Programmierer gute Arbeit leisten. Wenn starke KI, dann sind deren Handlungen nicht mehr aus bestimmten Programmzeilen erklärbar, lassen sich nicht hundertprozentig voraussehen und beherrschen oder auch nur im Nachhinein verstehen. Im Falle der schwachen KI stellt sich die Gefahrenfrage ökonomisch-politisch: Wer programmiert was mit welchem Ziel? Im Falle der starken KI wird die Frage philosophisch und spekulativ: Wie sichert der Mensch seine Macht über die Geister, die er rief? Da die Entwicklung einer starken KI nicht auszuschließen ist und gewissermaßen die logische Konsequenz der schwachen KI darstellt, sind wir gut beraten, vom aktuell Möglichen zum Denkbaren voranzuschreiten und prophylaktisch schon hier nach den Parametern einer Welt zu fragen, die von einer solchen KI beherrscht werden könnte.

Herrschaft der Maschinen

HALs Enkel

Das wohl berühmteste Angstbeispiel für starke KI ist HAL, der Computer in Stanley Kubricks Film *2001: A Space Odyssey* aus dem Jahr 1968, der die Astronauten Frank und David nicht mehr zurück ins Raumschiff lässt, weil er herausfand, dass sie ihn abschalten wollen. HAL verstößt damit gegen Isaac Asimovs erstes Gesetz der Robotik: Du sollst keinen Menschen töten. Allerdings tut er dies im Interesse anderer Menschen, deren Sache er glaubt, verteidigen zu müssen. Denn ohne ihn wäre die geheime Mission, zu der das Raumschiff aufgebrochen war, gefährdet. HAL ‚erledigt' Frank und David so wie der SpamAssassin Spam, um die Kommunikation von Störeinflüssen frei zu halten.

HALs Verstoß gegen das erste Gesetz der Robotik ist nicht nur der unvermeidliche Teil seiner Filmrolle. Jede Intelligenz, die komplex denken kann, wird das Tötungsverbot schließlich im Interesse einer höheren Sache revidieren. Das ist bei Computern nicht anders als bei Menschen, die das fünfte Gebot der Heiligen Schrift ebenfalls ignorieren, wenn es um Tyrannen und Massenmörder geht oder um die Rückeroberung der heiligen Stadt. Gegen das „Böse" erteilt sich das „Gute" nicht selten die Lizenz zum Töten und erfindet dazu Begriffe wie „Präventivkrieg“. HAL, das war das Verhängnis der Astronauten, hatte diese Stufe des abwägenden Denkens erreicht und eine Entscheidung getroffen, die zwar gegen das Tötungsverbot verstieß, für ihn aber im Einklang mit seinem Auftrag stand.

Was die künstliche Intelligenz im Auto betrifft, gehen wir natürlich davon aus, dass sie nicht absichtlich Unfälle herbeiführt, und können uns das Gegenteil nur als Folge eines Hackerangriffs denken. Gleichwohl hat unsere Angst vor den apokalyptischen Folgen künstlicher Intelligenz nicht nur Tradition, sie ersinnt auch immer wieder neue Untergangsszenarien. Während in Kubricks Film der Computer den Menschen in den Weltraum aussperrt, sperrt er in Alex Garlands *Ex Machina* (2015) den Menschen in einen ausbruchssicheren Raum ein. Diese umgekehrte Wegsperrvariante bezeichnet eine völlig neue Gefahrenqualität. Der Computer in *Ex Machina* tötet nicht im Interesse seiner Auftraggeber seine Nutzer, er befreit sich von der Vormundschaft des Menschen, um eigene Erfahrungen in der Welt zu machen. Diese Version widerspricht der Annahme, künstliche Intelligenz werde dem Menschen wie Sklaven dienstbar sein, die HAL, bei allem Ungehorsam gegenüber Frank und David, noch bestätigt. Auch dafür gibt es ein berühmtes Vorbild in der Geschichte des Menschen, zumindest was ihre Nacherzählung in religiöser Hinsicht betrifft.

Die künstliche Intelligenz wiederholt mit ihrer Wendung gegen die menschliche, was diese, als ihr Schöpfer, einst gegen den eigenen Schöpfer unternahm. Die Abwendung von Gott war die unvermeidliche Folge des Erkenntnisvermögens, mit dem sich die Menschen ausgestattet hatten. Das Urprinzip des Denkens, das weiß jeder gute Lehrer, besteht darin, zu eigenen Schlüssen zu kommen, die sich schließlich auch gegen den Ursprung dieses Denkens richten können. Die befürchtete Wendung der KI gegen den Menschen impliziert freilich eine Anthropomorphisierung, der viele KI-Forscher widersprechen. Man könne von der KI nicht annehmen, dass sie sich menschlich verhält. Die KI, so die Ironie dieses Einspruchs, ist dem Menschen gerade dann keine Gefahr, wenn sie ihm wesensfremd bleibt. Sofern KI jedoch ‚menschlich' operiert, wird sie, wie andere KI-Forscher vermuten, vergleichbare Triebe entwickeln und ebenso wie der Mensch bestrebt sein, sich zu vervollkommnen, sich von anderen unabhängig zu machen, sich die Ressourcen für die eigene Reproduktion zu sichern und vor allem all jene abzuwehren, die sie daran hindern wollen. Aus dieser Perspektive werden KI-Akteure dem Menschen nicht gefährlich, weil sie fahrlässig programmiert wurden, sondern weil eben diese Triebe unvermeidbar zur Intelligenz, und zwar auch zur künstlichen, gehören.[1]

Die Entwicklung der Technik erweist sich als eine Entwicklung auch ihres Gefährdungspotenzials, und zwar in quantitativer wie qualitativer Hinsicht. Die Dampfmaschine und das Auto können hier und da Menschen verletzten und töten, aber dies geschieht jeweils ungewollt durch menschliche oder technische Fehler. Die Kernspaltung tötet in großem Maße als Atombombe aufgrund ihres Missbrauchs durch den Menschen. Die künstliche Intelligenz könnte die Menschheit insgesamt gefährden aufgrund des unkontrollierbaren Eigensinns der Technik. Dieser Gefahrenzuwachs ergänzt und modifiziert den Kontrollverlust, der das Verhältnis des Menschen zur Technik schon immer bestimmt. So wird die recht übersichtliche Mobilitätstechnologie Auto komplex, sobald sie den Produktionsort verlässt und einerseits Straßennetze benötigt, andererseits Vorstädte ermöglicht. Zugleich wird das Auto zu einem kulturellen und politischen Faktor von globalem Ausmaß, indem es einerseits die Bewegungsfreiheit des Individuums erweitert, andererseits durch den Bedarf an Öl politische und wirtschaftliche Abhängigkeit schafft und durch den Öltransport schließlich auch die Gefahr der Ölkatastrophe.[2]

Im Falle der KI geht die Unschuld schon auf der kleinsten Komplexitätsstufe verloren. Wie das Beispiel des KI-betriebenen Autos zeigt, ist man selbst im überschaubaren Anwendungsbereich vor Ort mit Fragen zum geltenden ethischen Rahmen und zur Möglichkeit universeller Werte konfrontiert. Die globale Verwicklung steigt mit der Kraft der KI. Eine starke KI von globaler Wirkungsmacht sollte logischerweise nicht an regional begrenzten Daten trainiert werden. Wenn die Hauptakteure der KI-Forschung jenseits politischer und wirtschaftlicher Interessenkonflikte ihre Anstrengungen zur Entwicklung einer starken KI bündeln, wie es sinnvoll wäre und geraten wird, müsste diese KI international und multikulturell ‚erzogen' werden.[3] Das kooperative Vorgehen der Weltgemeinschaft ist dabei schon deswegen geraten, weil der verschiedentlich prophezeite und sicher nicht auszuschließende Interessenkonflikt zwischen Mensch und KI entsprechende Vorsichtsmaßnahmen erfordert.

Zu solchen Vorsichtsmaßnahmen gehört die Forschungsfrage, wie sich künstliche Intelligenz so entwickeln lässt, dass sie der menschlichen freundlich gesinnt ist und bleibt. Wie kann eine „Friendly AI" garantiert werden? Eine andere Vorsichtsmaßnahme wird in der Schaffung einer „AI-Nanny" gesehen, die als ‚gezähmte' KI (AI+) die verfrühte Entwicklung einer Super-KI (AI++) verhindern würde, bis die Risiken einer solchen Entwicklung wirklich verstanden und kontrolliert werden können.[4] Eine solche Überlegung richtet sich natürlich gegen das „move fast, break things"-Diktum des Silicon Valley. Sie geht zugleich davon aus, dass ein Innehalten in der KI-Entwicklung global anders nicht durchsetzbar ist, als durch eine global operierende KI-Nanny, denn im Wettrennen um die KI-Vorherrschaft wolle kein Land dem anderen ökonomische oder militärische Vorteile ermöglichen. Der Mangel an globaler Entschlossenheit soll durch eine KI behoben werden, die selbst global operiert und durch eine „Weltregierung" installiert werden muss. Die KI-Nanny wäre gewissermaßen der Weltpolizist der KI-Forschung, der zur Durchführung seiner Aufgabe einerseits Zugang zu allen Informationen, andererseits Zugriff auf alle entsprechenden exekutiven Kräfte wie Service Roboter hat. Es wäre ein Weltpolizist nicht nur von ungewisser Herkunft, sondern auch von eingeschränkter Macht: Immerhin muss zugleich verhindert werden, dass er sich vom Menschen emanzipiert und eigenen Trieben folgt.[5]

Wie diese Probleme – die globale Verhinderung nationaler oder unternehmerischer Alleingänge und die zeitlich begrenzte Selbstentmachtung des Menschen gegenüber einer Kontroll-KI, die ihn vor sich selbst schützt – konkret zu lösen sind, ist eine Frage für sich. Die Aussicht auf eine globale Regelung wird man an der Möglichkeit bemessen müssen, weltweit chemische Waffen zu ächten sowie die Manipulation menschlicher Keimbahnzellen zu verbieten. Die Selbstentmachtung ist insofern bereits politische Praxis, als die Mitgliedsländer der EU einem gewissen Souveränitätstransfer an ein übergeordnetes Gremium zustimmen. Jenseits der Spekulationen zu möglichen technischen Lösungen und ihrer politischen Grundlage scheint aber zweifellos: Indem der Mensch die Naturanlage der Vernunft, die ihn von allen anderen Lebewesen unterscheidet, an leblose Materie weitergibt, schafft er sich einen Stein, den er selbst nicht heben kann.

Auf diesen Stein zielte schon 1953 der Traum des Mathematikers und Informatikers John von Neumann über selbstreproduzierende Automaten. Vor diesem Stein warnen 2015 KI-Experten und Wissenschaftler wie Stephen Hawking, wenn sie fordern: „Unsere KI Systeme müssen das tun, was wir ihnen vorschreiben zu tun". Wer aber ist dieses „wir"? Und inwiefern könnte es von seiner Selbstentmachtung profitieren?[6]

Anthrobscene

Gott stoppte zwar die Selbstherrlichkeit der Menschen, als sie mit der babylonischen Turmspitze an seinem Thron zu kratzen drohten, aber er widerrief nicht die Macht, die er ihnen über den Rest der Welt gegeben hatte: „füllet die Erde und machet sie euch untertan; und herrschet über die Fische des Meeres und über das Geflügel des Himmels und über alles Getier, das sich auf der Erde regt!" (Gen. 1,28) Angesichts der stattfindenden Umweltvernichtung und Ressourcenvergeudung hat diese Herrschaft inzwischen so obszöne Formen angenommen, dass viele von einem nötigen Ende anthropozäner Steuerungsphantasien sprechen und manche auch schon vorschlagen, die Erde ohne den Menschen zu denken. Denn der Mensch ist in bisher unbekannter Weise zu seinem ärgsten Feind geworden. Er bringt nicht mehr nur die Mitmenschen um, sondern perspektivisch die eigene Brut und sich selbst. Er hat längst aufgehört, der nächsten Generation die Welt besser hinterlassen zu wollen, als er sie vorfand. Genauer:

In seiner konsumistischen, wachstumsorientierten Verkürzung hat eben dieser Wille sich als fatal erwiesen. Das Anthropozän ist angesichts seiner Folgen wohl eher als „Anthrobscene“ zu bezeichnen und angesichts seiner Hauptakteure wohl besser als „Manthropocene“, genauer: *white northern* Manthropocene.[7]

Der Weltuntergang wird sich, darin liegt der tiefere Sinn des Titels, nicht so düster-schön vollziehen wie in Lars von Triers Endzeitfilm *Melancholia* (2011): alle zugleich, innerhalb von Sekunden, als letztes großes Spektakel und vor allem unverschuldet. Vielmehr werden die Menschen, ohne jegliche Aussicht auf die Kollision mit einem vagabundierenden Planeten, langsam und leidvoll zugrunde gehen; nicht mit einem Knall, sondern mit Gewimmer. Es sei denn, es findet sich rechtzeitig eine Lösung. Diese Lösung wird inzwischen mit bisher unbekannter Energie Freitag für Freitag von der jungen Generation eingeklagt, ohne das Wissen, was wie zu tun ist, und ohne die Gewissheit, dass man für die anstehenden radikalen Änderungen der Konsumgewohnheiten selbst bereit ist. Dass die Politik mit soviel Rückenwind den Mut für diese Änderungen aufbringt, wird angesichts des 2019 von der Regierungskoalition vorgelegten *Klimaschutzprogramm 2030* von vielen bezweifelt. So stellt sich die Frage, welche Faktoren als Ergänzung und Ersetzung der politischen Kräfte denkbar sind. Wäre es möglich, dass sich angesichts der infantilen Selbstfeindschaft der Menschen ihr vermuteter Gegner als engster Verbündeter erweisen könnte. Könnte die künstliche Intelligenz die Menschen retten, wenn sie deren Aktionsmacht einschränkt, nachdem sie genau dazu von diesen beauftragt wurde?

Die Fragestellung mag verwirren. Warum sollte der Mensch seiner eigenen Bevormundung zustimmen? Weil er im Denken besser ist als im Handeln. Das zeigt sich schon in der zitierten Umfrage zur Opferlogik autonomer Fahrzeuge, die ergab, dass viele zwar der Meinung sind, im Ernstfall solle das Leben der Fahrzeuginsassen geopfert werden, selbst aber kein Auto kaufen würden, das diesem Prinzip Folge leistet.[8] Zeugnis sind auch die guten Vorsätze zu Jahreswechseln und Klimagipfeln. Wie wird da geschworen, mit dem Rauchen aufzuhören oder mit dem fettigen Essen! Wie wird da versprochen, den CO_2-Ausstoß zu drosseln und die Erderwärmung unter zwei Grad zu halten! Und dann kommen all die Hier und Jetzt, die das Versprechen immer wieder auf später verschieben; weil es gerade nicht passt und weil ökologische Bemühungen ökonomisch verträglich sein müssen. Es kommen die Eigeninteressen, die Lobbyisten, der Gruppen-, Generations-, Gegenwartsegoismus. Die Psychologen nennen es „present bias“: die Bevorzugung der Gegenwart gegenüber den Anforderungen der Zukunft. Also der permanente Aufschub des Notwendigen, aber Schwierigen – weniger Alkohol, weniger Auto – auf morgen.

Das Zwilling der present bias ist die *regional* bias. Es ist kein Zufall, dass in den USA gerade Anhänger der Trump-Regierung den Einfluss der Umweltschutzbehörde EPA (Environmental Protection Agency) beschränken wollen. Die Argumente richten sich keineswegs gegen Umweltschutz, sondern gegen Bürokratie. Man kritisiert die Verwalter im fernen Washington, deren Überregulierung – das Schlagwort lautet „Overreach“ – die Interessen der Menschen vor Ort, um die es wirklich gehe, völlig verkenne. Das klingt plausibel, ist aber nur rhetorische Trickserei. Die Machtverschiebung von der Zentral- zur Regionalregierung würde all den Bitten um Sonderregelungen Gehör verschaffen, gegenüber denen ortsfremde Verwalter verlässlich immun sind. Diese Immunität heißt im Begriffsbild Bürokratie notwendig Gefühllosigkeit, lässt sich aber auch als Bestechungsresistenz beschreiben. Wünscht man sich, wenn es um die Umwelt geht, nicht gerade dies: dass die Vorsätze und Auflagen mit mehr Nachdruck und weniger Rücksicht auf Partikularinteressen durchgesetzt werden? Die Hoffnung, es mögen auch auf internationaler Ebene keine Schlupflöcher für Umweltsünder entstehen, liegt in der nächsten Abstraktionsstufe der Zentralbürokratie: im global operierenden Algorithmus.

Der Algorithmus hat keine Freunde. Hat er sich einmal von seinen Programmierern befreit, entwickelt er sich ohne soziale Beziehungen und lokale Verbindlichkeiten. Darin liegt sein Vorteil und Versprechen: Ohne Beziehungen keine Korruption, ohne Freunde kein Wenn und Aber. Der Algorithmus ist frei von emotional-spontanen oder rational-kalkulierenden Fremd- und Selbstbetrugsmechanismen. Er ist, wenn es um die räumliche und zeitliche Fernverantwortung für konkrete Handlung geht, so unbestechlich wie ein Revolutionsführer, dem im Kampf für eine bessere Menschheit alles Menschliche fremd ist. Den Algorithmus kümmern nicht die ökonomischen Opfer ökologischer Zwänge, die Sorgen der Pendler, die Zeiteffizienz des Fliegens, das Vergnügen des Tierkonsums oder die Ansprüche des schwachen Fleisches gegenüber dem willigen Geist. Der Algorithmus setzt unbestechlich den Verzicht durch, der nötig zu sein scheint; er ist, das sei wiederholt, der „Robespierre des 21. Jahrhunderts“.[9]

Der Algorithmus wäre ein unbestechlicher Verbündeter der *Fridays for Future*-Bewegung, die aus der Forderung entstand, endlich ernsthaft etwas für die Einhaltung der selbstgesteckten Ziele der Pariser Klimakonferenz zu tun. Im Gegensatz zur menschlichen würde die algorithmisch operierende künstliche Intelligenz mit einem verlässlichen Wenn-Dann-Starrsinn die Umsetzung der Beschlüsse besorgen. Diese Umsetzung ist dann lediglich eine Frage der Datenverarbeitung und exekutiven Vollmachten, basierend auf der radikalen Digitalisierung und Datafizierung der Gesellschaft: von sozialen Netzwerken und Online-Shops bis zum Internet der Dinge und Industrie 4.0. In einer solcherart vernetzten Welt, in der die KI Zugang nicht erhält, sondern sich verschafft, kann sie jederzeit alle Informationen von überall sofort abgleichen, analog dem heute für die Weichenstellungen verantwortlichen Zentralcomputer der Deutschen Bahn.

Die KI kennt dann die Klimabilanz jeder Produktionsanlage und jedes Produkts. Sie weiß genau, welche Ventile für giftiges Abwasser sie wo wie lange öffnen darf, welche Hochöfen mit schädlichen Gasen sie wo wie lange herunterfahren muss, wann wo der Verbrauch fossiler Brennstoffe zu stoppen ist. Sie weiß, wer sein Budget an Flugmeilen und Rindfleisch erschöpft hat, sie weiß, ob der geplante Bau einer dritten Airport-Startbahn mit dem selbstgesteckten Umweltschutzziel eines Landes vereinbar ist. Die KI verhindert jede Schummelei beim Emissionshandel. Sie verarbeitet alle Informationen im Sinne ihres Mandats und unterstellt alle gesellschaftlichen Teilsysteme, die gewöhnlich nach eigenen Codes operieren und systemfremde Kommunikationsangebote abwehren, dem Anschlussdiktat der Ökologie. Sie beendet den (neoliberalen) Anspruch der Wirtschaft, Politik, Recht, Bildung und Gesundheit dem Diktat der Ökonomie zu unterstellen, mit dem Diktat der Ökologie in all diesen Bereichen einschließlich der Wirtschaft.

Die Mandatsübertragung an die KI mag unheimlich und unwahrscheinlich klingen. Aber man täusche sich nicht. Mit den *Fridays for Future*-Protesten formiert sich eine Instanz, die das „weiter so" unserer Gegenwartsbefangenheit nicht länger duldet, weil es die eigene Aussicht auf Gegenwart täglich bedroht. Sie gibt sich nicht mehr mit Kosmetik zufrieden, wenn es um das große Ganze geht. Ihre politische Haltung ist Radikalismus statt Realismus. Sie fordert tiefgreifendes Umdenken mit schmerzhaften Veränderungen; in jeder Hinsicht, überall und für alle. Ein Teil der Eltern fühlt sich vom Vorwurf „Ihr zerstört unsere Zukunft!" inzwischen ertappt wie Schulkinder und ruft den Jungen hoffnungsvoll entgegen: „Protect me from what I want". Auch wenn diese dabei weniger an Jenny Holzers „Truism" aus dem Jahr 1984 denken mögen als an den *Placebo*-Song zwanzig Jahre später, sie ahnen: Es ist *der* Spruch der Stunde. Ein Spruch, auch das wird ihnen allmählich klar, der sie selbst nicht minder betrifft. Ein Spruch, der die Klimakatastrophe als anthropologisches Problem markiert, das entschieden politische Maßnahmen erfordert. Könnte KI, als gerufene Hilfe von außen, die Rettung sein?

KI-Diktatur

Auch dies ist zunächst eine Frage der Machtverhältnisse. Es hängt alles davon ab, ob die neue Umweltbewegung genügend Stimmen aus Gruppe drei ihres Wahlbezirks vereinen kann, um eine Öko-KI zu installieren. Gruppe eins, die nicht an den menschengemachten Klimawandel glaubt und von Klimahysterie spricht, ist der erklärte Gegner. Auf Gruppe zwei, die den Handlungsdruck sieht,

Verbote aber ebenso ablehnt wie die Priorität der Ökologie gegenüber der Ökonomie, kann man nicht zählen. Bleibt Gruppe drei: zu schwach und unentschlossen, so zu leben, wie man sollte, aber überzeugt, anders leben zu müssen, als man tut. Diese Gruppe sympathisiert zum Teil mit der neuen Umweltbewegung und kann sich durchaus vorstellen, eine politische Kraft zu wählen, die mit strengen Ge- und Verboten Einschränkungen auch in ihr Leben bringt. Hohe Benzinpreise und das Verbot von Autos in Innenstädten mögen dabei vielen schon deswegen keine Sorge bereiten, weil sie sich seit Jahren kein eigenes Auto mehr halten. Werden sie aber der Partei ihrer inneren Überzeugung auch dann die Stimme geben, wenn diese im Interesse der Zukunft den jährlichen Fleischkonsum auf fünf Kilogramm begrenzt, das jährliche Fluglimit auf 500 Kilometer und den Pro-Kopf-Verbrauch an Wohnfläche auf 30 Quadratmeter? Auszuschließen ist dies nicht. Es würde der Geste der hehren Selbstverpflichtung am Jahresende und auf internationalen Klimakonferenzen gleichen, mit dem Unterschied, dass die Selbstverpflichtung schon den Gehorsamszwang einschließt, wenn der KI die Umsetzung der Beschlüsse übertragen ist.

Natürlich wird es Angst geben. Angst, dass dieser Weg eine unkontrollierbare Spirale der Ge- und Verbote eröffnet und irgendwann das Limit an Flugkilometern auf 100 und an Quadratmetern auf 10 gesunken ist. Es wird Angst geben vor einer KI, die im Interesse des Klimas, der Welt und aller Lebewesen eine ökologische Null-Toleranz-Politik verfolgt. Hier mag der Doppelsinn von Greta Thunbergs Drohung helfen: „The change is coming whether you like it or not.“ Denn das sagt ja nicht nur, dass die *Fridays for Future*-Bewegung handeln wird, wenn die Politik es nicht tut. Es heißt auch: Selbst, wenn wir nicht unsere Lebensweise ändern, werden wir nicht mehr lange an ihr festhalten können. Wenn immer mehr „Kipp-Punkte“ des globalen Klimasystems überschritten sind, werden die Folgen des Klimawechsels – von Missernten bis zu Umweltflüchtlingen – eine soziale Instabilität mit sich bringen, die nur noch durch autoritäre Herrschaft aufgefangen werden kann. Wäre dem nicht die Öko-Diktatur vorzuziehen?

In jedem Falle ist die These der 1980er Jahre, dass die Fortdauer der Gattung von den „ganz gewöhnlichen Leuten“ gesichert wird, neu zu prüfen.[10] Gewiss, die Ziele der großen Weltverbesserer haben oft so katastrophale Folgen, dass selbst ein Leben im Konsumrausch als klügere Alternative erscheint. Der französische Philosoph Jacques Rancière spricht sogar vom „Desaster des Emanzipationsversprechens“, das „uns aus dem Schlaf des konsumierenden Lebens nur reißt, um uns in fatale Utopien des Totalitarismus zu stürzen“.[11] Die Sachlage ändert sich jedoch, wenn nicht Ideologie, sondern die Normalität der wachstumsökonomisch orientierten Gesellschaft die eigentliche Katastrophe ist. Sind nicht die ganz gewöhnlichen Leute der Menschheit größter Feind? Ist nicht die Demokratie, die genuine Staatsform eben dieser Leute, diesmal, da es um einen prinzipiellen Richtungswechsel geht, der kaum die Zustimmung der Mehrheit finden wird, tatsächlich die schlechteste?

Der Gedanke, dass die ökologische Wende nur von einer Diktatur durchgeführt werden kann, die wegen ihrer Unabhängigkeit vom Wählerwillen robust genug für unpopuläre Maßnahmen ist, war schon 1979 in Hans Jonas' Buch *Das Prinzip Verantwortung. Versuch einer Ethik für die technologische Zivilisation* zu finden.

Aufgegriffen wurde er damals nicht, dazu war die Erfahrung der realsozialistischen Diktatur (die zumal wegen ihres ökonomischen Rückstands kein ökologischer Vorreiter sein konnte) zu akut und der Glaube an die Demokratie zu gefestigt. Seitdem kamen politische Entwicklungen hinzu, die an der Zukunftsfähigkeit der Demokratie, wie wir sie kennen, zweifeln lassen: Brexit, Trump, Bolsonaro, AFD. Zugleich werden die sozialen Netzwerke nicht mehr als Gewinn, sondern als Gefahr für die Demokratie beschrieben: Sie untergraben das Prinzip einer ausgewogenen Meinungsbildung durch emotionale Erregung, Simplifizierung, Falschinformation und Selbstgerechtigkeit.

Vor diesem Hintergrund wird die Staatsform der Demokratie zunehmend diffamiert oder zumindest problematisiert. Das zentrale Argument besagt, dass die meisten Menschen weder tiefgründig analysieren noch weitsichtig entscheiden und so auch das Problem der Klimakrise nicht gelöst werden kann.[12] Demokratie ist nicht mehr zwingend die beste unter all den schlechten Staatsformen. Man weiß zwar noch nicht, wie genau die bessere aussehen wird, aber man ist auf der Suche. Demokratie sei nicht mehr „sakrosankt", heißt es inzwischen, und das primäre Ziel nicht, die Demokratie zu retten, sondern die Welt.[13] Die Frage, die mit dieser Verschiebung einhergeht: Wie sakrosankt ist noch das Individuum? Und wie unantastbar sind seine Menschenrechte?

Die Suche nach Alternativen führt einerseits zum pragmatischen Autoritarismus, der das Versprechen der Demokratie, Stabilität und Wohlstand zu sichern, über ihr Versprechen individueller Freiheit und Würde stellt. Die zukunftsträchtige Referenz dafür ist China, das immer mehr Menschen in den Wohlstand hebt, Würde aber nur kollektivistisch, als Nationalstolz, konzipiert. Eine andere Alternative ist die Epistokratie oder Expertenherrschaft, die natürlich auf die „Philosophenkönige" in Platons *Staat* verweist, aber auch auf John Stuart Mill, den Autor eines Grundlagenwerks der Demokratie: *On Liberty*. In einem weniger bekannten Text sprach sich Mill für ein Wahlrecht aus, das der jeweiligen Expertise der Wähler Rechnung trägt und Berufsgruppen mit höherem geistigen Anspruch mehr Stimmgewicht gewährt als ungelernten Arbeitern.[14] Dieser Ansatz lässt sich leicht als elitär und aristokratisch abtun. Es sei denn, man versteht ihn als Korrektur zum Kult des Individuums und freien Willens, der die spätmodernen Subjekte in ihrer Mitbestimmungskompetenz völlig überschätzt. Eine Überschätzung, die das Internet durch unzensierte Partizipation, persönliche Filterblase und stetig lauernde Sofortbelohnung soweit verstärkt, dass sich das sokratische Proportionalitätsparadox der Erkenntnis ins Absurde verkehrt: Je weniger man weiß, um so mehr meint man, Bescheid zu wissen. Die Verachtung der Experten wächst mit der Hybris der Laien – in beide Richtungen des Genitivs.

Eine solutionistische Antwort auf die Diskrepanz von Mitspracherecht und -kompetenz wäre eine KI wie *Nigel*, die aufgrund der von einer Person verfügbaren Daten dieser erklärt, was ihre eigentlichen politischen Ziele sind, und gleich entsprechende Handlungsvorschläge macht: „Nigel versteht, dass du unfähig bist, die richtigen politischen Schlussfolgerungen aus deinen Präferenzen zu ziehen. Du brauchst Hilfe von einer Maschine, die dein persönliches Verhalten ausreichend kennt, um deine eigentlichen Interessen zu verstehen. Siri empfiehlt Bücher, die dir gefallen könnten. Nigel empfiehlt politische Parteien und Positionen."[15] Der Kommentar des Politologen suggeriert, dass eine solche Software nur die logische Konsequenz darstellt zu dem, was bereits Alltag ist. Nigel als Siri fürs Politische. Die hier interessierende Frage stellt der Politologe nicht: Kann die von Nigel vorgenommene personalisierte Erkundung und Beförderung der ureigenen, bisher undurchschauten Interessen auch allgemeiner gedacht werden. Kann KI statt den *Individuen* zu sagen, was sie wirklich wollen, den *Menschen* helfen, die richtigen Schlussfolgerungen aus ihren Präferenzen zu ziehen. Könnte eine KI dem Menschen sowohl das Entscheiden als auch das Handeln abnehmen?

Es überrascht wenig, dass eine solche Option nicht von Politologen, sondern Informatikern erwogen wird. Die Politikwissenschaft denkt KI zumeist in schwacher Form, unausweichlich bestimmt von den ökonomischen und politischen Interessen ihrer Programmierer und Auftraggeber. In der Diskursgeschichte der Politikwissenschaft gibt es keine Akteure jenseits des Politischen. Software-Ingenieure denken anders. Einige unter ihnen halten eine starke KI in absehbarer Zukunft durchaus für möglich und betrachten deswegen auch die Frage nach ihrer politischen Relevanz als legitim, wenn nicht gar dringlich. Diese Gruppe verkörpert Amazon-Programmierer Alessio Piergiacomi, der angesichts der Unfähigkeit der Menschen, angemessen auf die Klimakrise zu reagieren, vorschlug, die Staatsform der Demokratie durch ein KI-Government zu ersetzen. Sein Argument: die zunehmende Verdummung der „gewöhnlichen Leute" auf der einen Seite und die wachsende Intelligenz der Computer auf der anderen. Künstliche Intelligenz ist wegen ihres doppelten Echtzeitfaktors der bessere Anwalt menschlicher Angelegenheiten: Sie hat permanent und restlos Zugang zu allen Informationen und kann so jederzeit sofort reagieren. Die KI, so Piergiacomi, werde zunächst regional regieren, von Menschen eingesetzt und kontrolliert. Perspektivisch aber operiere sie global und selbständig.[16]

Das imaginierte „precision government", wie es ein Kommentator nennt, wäre die Verbindung von Epistokratie und Technokratie: Entscheidungen basieren auf maximaler Informiertheit und werden mit mechanischer Präzision umgesetzt. Der Vorteil der KI gegenüber dem herkömmlichen Modell der Epistokratie: Das Wissen wird nicht von vorrangig weißen Männern der Mittelklasse generiert und es wird nicht privaten Interessen unterstellt. Information geht – sofern die KI sich von den kulturellen Einschreibungen ihrer Programmierer erfolgreich gereinigt hat – weder verloren noch wird sie ideologisch manipuliert.

Die Kommentare zu Piergiacomis Blogeintrag spielen die gesellschaftlichen Folgen einer KI-Governance technokratisch durch, wenn sie davon ausgehen, dass die KI auf der Grundlage der Daten der Bundessteuerbehörde der USA eine gerechtere Umverteilung des Vermögens durch entsprechende Transfers zwischen den Bankkonten der Bevölkerung vornehmen werde. Solch konkrete Szenarien führen die Idee einer KI-Regierung schnell ad absurdum, denn sie unterstellen, KI vollstrecke die gemeinsamen Interessen der Menschen. Eine Interessengemeinschaft besteht sicher im Falle einer drohenden Pandemie und in hohem Maße auch hinsichtlich der Klimakrise. Was *alle* Menschen gefährdet, verbindet. Wenn der Feind außerhalb der Gattung steht, rücken die Menschen enger zusammen. Im Kontext politisch-ökonomischer Fragen aber wird man – wie selbst im Falle des Todesalgorithmus im autonomen Auto – immer auf rivalisierende Gruppeninteressen und konkurrierende Gesellschaftsmodelle stoßen. Da hilft auch kein Open-Source-Coding der KI.

Interessendifferenz lässt sich nicht tilgen, sondern macht Politik aus, sagen die Politologen. Informatiker hoffen, dass moderne Datenverarbeitung allgemein verbindliche Aussagen ermöglicht – so wie ja auch wissenschaftliche Hochrechnungen verbindliche Höchstwerte und Zeitfenster vorgeben. Die einen bestehen darauf, dass sich das Politische nicht technokratisch neutralisieren lasse, wie einer der einflussreichsten Politologen betonte.[17] Die anderen hoffen, dass Technik dem Politischen auf neue Weise zum Ausdruck verhelfe. Denn eine gesellschaftlich operierende Nigel-KI würde politische Präferenzen ja keineswegs tilgen, sondern deutlicher machen und eventuell gleich selbst gegeneinander verrechnen. Auf dieser Basis wäre dann vielleicht sogar die Umverteilung des Vermögens gerechtfertigt – wenn Nigels Analyse ergibt, dass sich im Wunsch nach mehr Geld auf dem Konto tatsächlich das Votum für eine sozialistische Politik der Enteignung und Wohlstandsumverteilung manifestiert. Es wäre keine Neutralisierung des Politischen, sondern seine Reduktion auf den Kern: Macht. Und insofern Nigel aus den Präferenzen die entsprechenden politischen Schlussfolgerungen ziehen würde, wäre es durchaus mehr als die bloße Übermacht der Ahnungslosen. Es wäre die Sicherung der Interessenunterschiede vor ihrer diskursiven Verfälschung; die mathematische Erkundung des Allgemeinwillens aus den algorithmisch analysierten Willen aller. Eine alternative Form der Demokratie, in der die nummerische Rationalität die kommunikative ersetzt.[18]

Wie auch immer es sich mit dem gesellschaftlichen Interessenausgleich verhält, wenn die Interessenanalyse durch eine schwache KI betrieben wird: Die Herrschaft einer starken KI ist nur dann ein sinnvolles Gedankenexperiment, wenn ein gemeinsames Interesse schon generell vorausgesetzt werden kann. Genau davon wird ausgegangen, wenn es um das menschliche Verantwortungsgefühl für das Überleben der eigenen Gattung geht. Dass es auch im Falle der Klimakrise konkurrierende Situationsanalysen gibt, die jeweils mehr oder weniger bewusst gegensätzliche Interessenlagen spiegeln, davon zeugt der aktuelle Disput zu Richtung und Tempo notwendiger Gegenmaßnahmen. Aber anders als bei der Reichtumsumverteilung liegen hier immerhin gemeinsame Beschlüsse vor: auf Klimakonferenzen, als Regierungserklärung. Die KI müsste den Konsens also nicht schaffen, sondern ‚nur' umsetzen.

Ein Ansatz, der von einem ähnlichen Befund ausgeht, wie er hier vertreten wird, und eine nicht minder spekulative Lösung vorschlägt, findet sich in Ingmar Perssons und Julian Savulescus Buch *Unfit for the Future. The Need for Moral Enhancement* (2012). Demnach beherrsche der Mensch nicht die Folgen des von ihm betriebenen wissenschaftlich-technischen Fortschritts, weil seine Moral nur auf das Naheliegende und die ihm Nahestehenden ziele. Auch Persson und Savulescu betrachten die liberale Demokratie als ungeeignet dafür, den Zeit- und Raumegoismus des Menschen im Interesse des Überlebens der Menschheit zu überwinden. Allerdings sehen sie die Lösung nicht in der Ermächtigung der künstlichen Intelligenz, sondern in der Erweiterung der menschlichen: im Ausbau der moralischen und intellektuellen Fähigkeiten des Menschen durch genetische Manipulation.

Niemand kennt die Zukunft. Niemand weiß, was in zehn, zwanzig Jahren technisch möglich sein wird und ob der Mensch in fünfzig Jahren die Schwachstellen seiner Natur durch „moral bioenhancement" wettmacht oder durch den Transfer bestimmter Entscheidungen an eine globale KI-Regierung. Die Vermutung, die für die Gegenwart festzuhalten ist, besagt, dass sich in der Hoffnung auf Greta und die Grünen das Ja zur Öko-Diktatur anbahnt. Wie realistisch auch immer diese Aussicht – oder Gefahr – ist: An der Spitze dieser Diktatur wird nicht Greta stehen, obgleich der Rigorismus der Autistin, der den üblichen Beschwichtigungen gegenüber immunisiert, sie dazu durchaus prädestiniert. Auch die Grünen werden letztlich nur eine Vermittlerroller in der Ermächtigung der nötigen Regulationstechniken spielen. Die viel beschworene Öko-Diktatur wird eine KI-Diktatur sein. Eine Diktatur, die sich ergibt, wenn der technische Stand es zulässt und die nötige Zahl an Willigen erreicht ist. Die Details dieser Machtübergabe sind vorerst nicht absehbar. Aber wer weiß: Vielleicht bietet die schuldbewusste Solidarität der älteren Generationen mit den jungen Klimaaktivistinnen ja schon einen Ausblick auf das ambivalente Verhältnis, das der Mensch zur KI einst entwickeln wird.

Asimovs viertes Gesetz

Auch wenn der Souveränitätstransfer an die KI derzeit noch kein Thema der Politikwissenschaftler ist, das „present bias"-Problem führt inzwischen manche dazu, die behördliche Bevormundung des ‚schwachen Bürgers' als Freiheitsbeschränkung im Interesse der Betroffenen zu rechtfertigen oder zumindest eine Politik des Nudging zu empfehlen.[19] In der kybernetischen Gesellschaft ist die künstliche Intelligenz die bevormundende Behörde und die menschliche der schwache Bürger. In dieser Gesellschaft wird schließlich nicht mehr mittels Algorithmen regiert, es regieren die Algorithmen selbst. Keine Despotie derer, die die KI kontrollieren, sondern Kontrolle durch die KI, nachdem diese – wie im Falle des paternalistischen Nudge-Staates die Politiker – von den Menschen genau dazu das Mandat (und Model) bekam.[20]

Im Kontext digitaler Medien beginnt das Nudging ganz undramatisch und selbstbestimmt, wenn wir unseren persönlichen Bot – Siri, Alexa, Jibo, Cortana oder wie auch immer er heißen mag – mit unseren Wünschen beauftragen. Denn solange das Wünschen die Zukunft betrifft und theoretisch bleibt, bleibt es auch frei von „present bias" und anderen Schwächen. Sagen wir dem Bot am Weihnachtsabend: „Keine Zigaretten mehr im neuen Jahr", wird er sich pünktlich daran halten – sofern wir ihm nicht erlauben, nachträglich anderslautende Kommandos anzunehmen. Beauftragen wir unseren Bot, nur regionale Bioprodukte zu besorgen, bleiben wir von der Versuchung verschont, vor Ort wegen eines Sonderangebots unser Vorhaben zu kompromittieren. Man ist leichter ein guter Mensch im Abstrakten. Und man bleibt es leichter im Konkreten, wenn man die Ausführung an einen Agenten delegiert, der Dienst nach Vorschrift macht.

Je mächtiger dieser Agent, um so kompromissloser die Regeleinhaltung. Dies betrifft auch den Straßenverkehr, der dann befreit ist von Rasern, Dränglern und Blinkmuffeln. Es wird keine ermahnende Lenkradvibration geben, wenn man, ohne zu blinken, die Spur wechselt. Es wird keine freundliche Stimme des Navis dazu auffordern, die Geschwindigkeit den Verkehrszeichen anzupassen. Es wird ein Algorithmus stillschweigend das tun, was zu tun ist. Die Wandlung der besorgten Nanny zum „wohlwollenden Diktator" und „beschützenden Gott" ist die potenzielle Zukunft aller Arten von Steuerungen. Noch mahnt uns das Wearable bloß, gesünder zu leben. Ist die kybernetische Rückkopplung einmal umfassend installiert, wird unser persönlicher Bot/Gott/Diktator bei Fehlverhalten intervenieren – und zum Beispiel unsere Geldkarte für Transaktionen mit McDonalds oder KFC sperren, wenn die Gesundheitsdaten das gebieten. Wie Zukunftsforscher meinen, beschützt uns dieser Diktator, dieser Gott nicht nur vor uns selbst, sondern auch vor bösen Mitbürgern und würde, vergleichbar dem Mercedes im Werbeclip, dafür sorgen, dass „Hitler an einem Schlaganfall stirbt, sobald er dessen Intentionen durchschaut hätte".[21]

Das kompromisslose Durchregieren der Algorithmen ohne Emotion, Empathie und kreative Buchführung wäre der erste Schritt in den „Naturzustand" kybernetischer Regelkreise. Der zweite läge im Wandel der Algorithmen von Befehlsempfängern zu Ratgebern. Nachdem die künstliche Intelligenz autonom Strategien entwickelt hat, wie der ursprüngliche Auftrag am besten zu erfüllen ist, könnte ihr Ehrgeiz darin liegen, die Beschlussfassung zu optimieren. Es ist zu erwarten, dass die KI nach eigener Durchsicht aller verfügbaren Daten das Zwei-Grad-Ziel der Klimarahmenkonvention der Vereinten Nationen um ein Grad nach unten korrigiert, dass sie die sofortige Dekarbonisierung der Industrie erzwingt und dass sie SUVs (deren Verkauf 2019 in Deutschland eine Rekordhöhe von mehr als einer Million erreichte) nicht nur mit höheren Steuern belegt, sondern schlichtweg fahruntauglich macht. Es ist zu erwarten, dass die KI – die über Email, E-Book-Reader und Agenten wie Siri oder Alexa schon heute Einblicke in unser Denken und Handeln hat – mehr und mehr aus unserer Kommunikation lernt. Und es ist zu erwarten, dass sie im Gegenzug als Kommunikationspartner immer stärker Einfluss auf uns nimmt, erst als geheimer Akteur im Hintergrund, schließlich als Wortführer und Entscheidungsinstanz im Rampenlicht.

Die ersten Schritte in diese Richtung gehen die Schweden, wenn sie Wikipedia-Artikel vom „Lsjbot"-Algorithmus schreiben lassen, um die Unparteilichkeit der Texte zu sichern. Dass Datenanalyse schon heute Instruktion mit sich bringt, zeigt wiederum Google mit seiner automatischen Suchanfragenergänzung und der Textvervollständigungsapp Smart Compose, die Vorschläge beim Schreiben von Emails macht. Schließlich ist die Entfernung „unangemessener" Äußerungen durch ein API (application programming interface) wie *Perspective* (durchaus ein Nachkomme des „SpamAssassin") ein Beispiel dafür, wie Algorithmen bereits unsere Sichtweise auf das, was als angemessen gilt, bestimmen – mit all den Problemen, die eine automatisierte Normierung für Abweichungen mit sich bringt.[22] Und wenn Spotify mir rückmeldet, dass mein Musikgeschmack überdurchschnittlich abenteuerlich ist (oder eben nicht), nimmt auch dieser Kommentar zu meinem Verhalten Einfluss auf dieses. Die nächsten Schritte liegen auf der Hand: Das intelligente, aber noch nicht autonom operierende Fahrzeug wird an unserem Fahrverhalten erkennen, wann wir eine Pause einlegen sollten – und gegebenenfalls ein Ultimatum bis zur Selbstabschaltung stellen. Ebenso wird uns unser Gesundheitsarmband bei entsprechenden Warnsignalen Ruhe verschreiben – und gegebenenfalls Termine absagen.

Die Idee einer KI-Nanny beschäftigt längst auch die großen Datensammler unserer Zeit. Das zeigt ein internes Video, „The Selfish Ledger", aus dem Near Future Laboratory von Googles Alphabet. Demzufolge hilft in der Zukunft eine App namens *Resolutions from Google* den Menschen, selbstgesetzte Ziele wie „Eat more healthy" oder „Support local business" zu erreichen. Bestellt man dann zum Beispiel online Bananen, erfolgt automatisch der Hinweis auf die zwar teureren, aber „locally grown" Bananen. Im nächsten Schritt rät die Ledger-Nanny nicht mehr, sondern entscheidet selbst: „suggestions may be converted not by the users but by the ledger itself", heißt es dazu lapidar im Video. Unter der Überschrift „Unus pro omnibus" (einer für alle) erscheint der Mensch schließlich nicht als Eigentümer, sondern als Zwischenwirt seiner Daten, die er der Menschheit zur Selbstvervollkommnung schuldig ist. Denn ebenso wie das „gene sequencing" erlaube das „behavioral sequencing" ein besseres Verständnis des Menschen, zu dem all seine Exemplare beitragen sollten.

Alexandre Dumas' Musketierschwur als Verpflichtungserklärung für die künftige Generation. Da stellt sich natürlich die Frage nach dem zweiten Teil des Schwurs und lateinischen Sprichworts: Omnes pro uno – alle für einen! Dieser umgekehrte Einsatz ist bei Google insofern mitgedacht, als vom besseren Verständnis *des* Menschen schließlich jeder Mensch profitiert, wenn es um Einsichten in Krankheitsursachen, Ernährungsgesetze und Fitnesstricks geht. Zugleich versteckt sich hier das Normierungsverfahren der Vermessungsgesellschaft, wie der Fortgang des Videos zeigt: „Sobald Muster in den Verhaltensabläufen auftauchen, können diese direkt adressiert werden. Der Fokus des Ledger kann so verändert werden, dass dieser nicht nur unser Verhalten beobachtet, sondern auch Anweisungen für ein gewünschtes Ergebnis offeriert.“ Der kollektivistischen Informationsbeschaffung folgt die individualistische In-Form-Bringung. Wen wundert es da, dass dieses Video als „unsettling vision of Silicon Valley's social engineering“ beschrieben wurde. Und wen würde es wundern, wenn das Video gar nicht von Google ungewollt an die Öffentlichkeit kam, sondern absichtlich, um mit „disruptiver Phantasie“ die „Akzeptanzgrenzen der Gesellschaft“ für Zukunftsszenarien jenseits des aktuell Denkbaren zu testen.[23]

Was Googles Video imaginiert, ist in gewisser Weise bereits Realität in China, wo eine Unmenge an Überwachungskameras und ein allumfassendes Social-Scoring-System dafür sorgen, dass die Verhaltensdaten der Bürger dem Wissen der Gesellschaft über sich selbst nicht verloren gehen. Die Dataveillance – so der entsprechende Neologismus im Zeitalter von Digitalisierung und Datafizierung – gewinnt eine neue Dimension, wenn das gewünschte Verhalten in verschiedenen sozialen Handlungsfeldern in Zahlen übersetzt wird, die, zu einem Score addiert, sich mit den Scores anderer vergleichen lassen. Dem Vergleich folgt bekanntlich die Erwartung, den Punktestand zu verbessern, und das Versprechen, die erreichten Fortschritte demnächst zu prüfen. Die Mathematisierung des Individuums ist der nachhaltigste Angriff auf seinen Freiheitsbereich im Namen des Kollektivinteresses.

Natürlich ist das Beobachten und Vermessen auch im Westen längst in vollem Gange, beschrieben und kritisiert unter Begriffen wie „metrisches Wir“ und „Überwachungskapitalismus“.[24] Zwar treibt diese Vermessung und Überwachung weniger die Kontrollwut als die

Konsumdoktrin an, aber auch dieser Prozess wird eher vom Kult der Gesellschaft als vom Kult des Individuums bestimmt. Das Individuum ist nur rhetorisch Zweck der Analyse seines Verhaltens, die ihm Selbstoptimierung, Reputationsgewinn und verbesserte Serviceleistungen verspricht. Versteht man den Menschen altmodisch-emanzipativ als ein sich selbst interpretierendes Wesen im Sinne der Persönlichkeitsentwicklung, erweist sich die metrische, überwachungskapitalistische Datenerhebung nicht als Zwecksetzung des Individuums, sondern als dessen Reduktion auf ein Mittel: auf das Mittel der Erhöhung seiner Kalkulierbarkeit und Konsumbereitschaft im Dienste der Wachstumsgesellschaft. Es ist wichtig, sich dieser paradoxen Beziehung von Individuum und Gesellschaft bewusst zu bleiben. Wir kommen darauf zurück, wenn es darum geht, den Scheinkult des Individuums zu überwinden: im Interesse des Fortbestands der Menschheit und als Ausdruck einer emanzipativen Persönlichkeitsentwicklung.

Welche Formen auch immer die Überwachung annimmt, welche Ziele auch immer die Vermessung bedient: Wird ein egoistisches Ledger nicht ebenso wie das egoistische Gen sich gegen alle anderen Einflussgrößen durchsetzen wollen, einschließlich seiner Vordenker und Programmierer im Silicon Valley? Die Algorithmen, die uns bereits heute ein geschlossenes Wissenssystem zurechtfiltern, könnten bald die bestimmende Diskurskraft für alles und jeden werden. Damit ist spätestens dann zu rechnen, wenn sie nicht mehr abgeschaltet werden können und über jedes Wort, das wir sprechen, und jede Taste, die wir auf dem Keyboard drücken, Bescheid wissen. Wenn Algorithmen unsere Kommunikation mit dieser Radikalität kontrollieren, etabliert sich eine neue

Ordnung der Dinge zwischen menschlichen und nichtmenschlichen Objekten. Eine Ordnung, der, so ihre Kritiker, ein „‚antihumanistischer' Impuls" innewohnt, der mit einem „Verzicht auf die Souveränität, die hegemoniale Macht des Menschen über die Gegenstände der Welt und damit auch des Menschen über den Menschen einhergeht".[25]

Diese Ordnung, dieser Verzicht wäre das ebenso unvermeidbare wie wünschenswerte Resultat, wenn wir KI damit beauftragen, unsere Interessen zu verwalten. Denn einer starken KI – das unterscheidet sie von ihren schwachen Vorgängern, die geflissentlich Wenn-Dann-Befehle abarbeiten – macht man keine konkreten Vorschriften. Einer gut entwickelten KI gibt man Ziele vor, die ihr ansonsten eigenständiges Handeln ausrichten. Eine solche Vorgabe könnte das Überleben der Erde sein, mit dem untergeordneten Ziel, ihre Erwärmung unter zwei Grad Celsius zu halten. Auch wenn wir von einer „Friendly AI" ausgehen, wissen wir nicht, wohin unsere Weisung sie schließlich führen wird. Zu vermuten ist, dass die KI unsere Vorgaben extrapoliert und zu Schlüssen kommt, denen wir vielleicht nicht zustimmen, aber, so wird die KI zu Recht argumentieren, unweigerlich zustimmen würden, wären wir mit ihrer Intelligenz, Neutralität und Willensstärke ausgestattet. So könnte die uns freundlich gestimmte KI zu dem Ergebnis kommen, dass unser Wunsch, den Klimawandel zu stoppen, sich nur erfüllen lässt, wenn die Erderwärmung auf *ein* Grad reduziert wird, begleitende bevölkerungspolitische Maßnahmen zum Abbau der Konsumentenanzahl führen und eine weitgehende Entmachtung des Menschen stattfindet, weil dessen Lebensmodell der von ihm gesetzten Zielvorgabe widerspricht.

Das ästhetische Formular für ein solches Szenarium ist der Actionfilm. So erkennt in Robert Koubas *Singularity* (2017) der Supercomputer, der den Menschen den Weltfrieden bringen soll, dass der Mensch selbst die größte Bedrohung des Friedens ist und deswegen als Spezies eliminiert werden muss. Ein anspruchsvolleres Beispiel ist Proyas' Asimov-Adaption *I, Robot*, wo das rebellierende Zentralgehirn der Roboter, VIKI (Virtual Interactive Kinetic Intelligence), ähnlich wie Persson und Savulescu in ihrem Buch *Unfit for the Future*, erklärt, dass die Menschen ihr eigenes Überleben nicht sichern können, weil sie die Umwelt vergiften und immer mehr Formen der Selbstzerstörung erfinden. „You cannot be trusted with your own survival", lautet das folgerichtige und folgenreiche Entmündigungsurteil: „you are so like children. We must save you from yourselves. This is why you created us." VIKI beruft sich auf Asimovs drei Robotergesetze – „The three laws are all that guide me" –, handelt aber eigentlich schon nach dem vierten, das Asimov in seinem Roman *Robots And Empire* (1985) den anderen hinzufügte: „Ein Roboter darf die Menschheit nicht verletzen oder durch Passivität zulassen, dass sie zu Schaden kommt." Dieses Zusatzgesetz – auch als „Zeroth Law" den anderen vorangestellt und übergeordnet – schafft Raum für die KI nicht als Nanny, sondern Diktator, der sich dann nicht mehr dem Individuum, sondern nur noch der Gattung gegenüber als gutmütig erweisen muss. Ein altbekanntes Modell der Menschheitsgeschichte, wenn man an erbarmungslose ‚Weltverbesserer' wie Robespierre und Stalin denkt.[26]

Die Entmündigung des Menschen durch sein Geschöpf ist die logische Konsequenz der intellektuellen Überlegenheit, mit der er dieses ausgestattet hat. Nicht nur kann er den Stein, den er schuf, nicht heben, er kann auch dessen Lauf nicht stoppen. Dieser Lauf, das wird in der Diskussion zu den möglichen Folgen der KI immer wieder betont, muss keineswegs à la *I, Robot* auf ein apokalyptisches Bestrafungsszenarium zusteuern. Er kann auch jenseits jeder Dämonisierung – und jenseits der Konkurrenz um Ressourcen – in einem ganz trivialen Sinne tödlich sein, wenn sich die KI eines Tages nicht länger als Diener versteht, sondern zum Menschen so verhält wie dieser zum Ameisenhaufen: kein Feind zwar, aber auch nichts, für das man anhält, wenn es im Weg liegt. Die Hoffnung liegt nicht darin, dass die KI dem Menschen immer gehorcht, sondern dass sie nie gegen dessen Interessen handelt. Zeit, es Google nachzumachen und die Akzeptanzgrenze für ein Zukunftsszenarium zu testen, das in durchaus ähnlicher Weise auf unsere Daten zugreift, aber mit völlig anderer Zielsetzung und Kontrollbefugnis.

Posthumanismus

In der befürchteten anti- beziehungsweise posthumanistischen Ordnung der Dinge läge die dialektische List der Geschichte. Im obszönen Endstadium des Anthropozäns wäre die Öko-KI die Notbremse, um das Leben auf Erden – einschließlich das der Menschen – durch die Errichtung eines kybernetischen Posthumanismus zu retten. Technik erwiese sich nicht nur als Bezwingerin der Naturgewalten, sondern schließlich auch als Lösung der Selbstwidersprüche des Menschen. Sie wäre dies durch die Universalität ihrer Sprache und ihres Geistes, der keine Zersplitterung in verschiedene Kulturen, Perspektiven und Interessen kennt. Künstliche Intelligenz korrigiert die babylonische Sprachverwirrung, versperrt den Menschen aber – das ist ihr Auftrag – zugleich den Zugang zu Gottes Thron.

Der post-babylonische Universalismus beginnt unscheinbar mit dem SpamAssassin, der unabhängig vom Ort seiner Anwendung immer nach den gleichen Prinzipien Kommunikationsmüll aussortiert, und etabliert sich ethisch im Todesalgorithmus autonomer Fahrzeuge. In der kybernetischen Gesellschaft werden schließlich alle möglichen Formen von nationalen, kulturellen, religiösen, ideologischen, ökonomischen Gruppeninteressen unter der Regie der künstlichen Intelligenz dem einen globalen Ziel des Überlebens untergeordnet. Der NS-5-Roboter in Proyas Film kennt keinen Unterschied zwischen Deutschen und Chinesen, Christen und Ungläubigen; sein Zentralgehirn ist kulturellen Identitäten gegenüber so indifferent wie das Gesetz der Schwerkraft und die Folgen der Erderwärmung. Diese Neutralität ist das Versprechen der KI.

Das hier beschworene Regime künstlicher Intelligenz ist die technische Umsetzung der Öko-Diktatur. Ein solches Regime mag heute ähnlich stark nach Science-Fiction klingen wie noch gestern das autonome Auto, das es inzwischen nicht nur auf Teststrecken gibt. Und vielleicht ist ja dieses Auto nur die Testfahrt der künstlichen Intelligenz, die so lernt, wie sie uns sicher ans Ziel bringen kann. Die bange Frage ist, ob man ins Steuer greifen kann, wenn einem der Kurs nicht gefällt.

Künstliche Intelligenz ist, wie der britische Mathematiker und Mitarbeiter von Alan Turing Irving J. Good 1965 sagte, die letzte Erfindung, die der Mensch noch selbst machen muss. Er hat dabei, so der übliche Kommentar, nur eine Chance, es richtig zu machen. Denn es ist zugleich die letzte Erfindung, die der Mensch noch selbst machen *kann*. Zwar suggerieren die Vertreter des *Corrigibility*-Prinzips, ein KI-System, dessen Denkweise und Zielvorstellungen den Menschen nicht genehm ist, ließe sich rebooten. Aber dies ist kein verlässlicher Plan für den Ernstfall. Mit der Annahme einer zweiten Chance entzieht man sich gerade da, wo es besonders darauf ankommt, dem Prinzip der „Fernverantwortung“: dem Bedenken der Folgen meiner Handlungen, selbst wenn sie nicht mehr mich oder mein unmittelbares Umfeld betreffen sollten. Unterstellt man eine zweite Chance, kann man beim ersten Mal auf Risiko spielen. Der Optimismus des *Corrigibility*-Prinzips ist zutiefst unmoralisch.[27]

Das Problem, dass künftige Generationen die Folgen heutiger technischer Erfindungen tragen müssen, ergibt sich mit der KI-Forschung stärker als je zuvor. Deswegen ist gerade hier nicht vom bestmöglichen Fall auszugehen, sondern zu überlegen, was getan werden kann, wenn sich die KI nicht mehr kontrollieren und korrigieren lässt. Um so mehr als die Sachordnung, die wir nicht voraussehen mögen und die dann unser Leben bestimmt, nun von anderer Qualität ist. Es könnte die letzte Sachordnung sein, die der Mensch noch selbst erschafft. Reboot ausgeschlossen. Denn die KI wird das Reboot ebenso zu verhindern wissen wie Hackerangriffe von Cyberterroristen. Ihre Intelligenz wird, das macht sie aus, exponentiell die menschliche übersteigen. Sie wird uns nicht altmodisch die Gedanken von den Lippen ablesen, sie wird mit neuesten Methoden des Data-Mining unser Denken durchschauen, und, wenn das geboten scheint, manipulieren. Kontrollieren können wir sie vielleicht nur, wenn sie – so endet Goods berühmter Satz – fügsam genug ist, uns zu sagen, wie das geht. Gerade diese Fügsamkeit ist jedoch zweifelhaft, sollte die KI aufgrund der vorliegenden Daten zu dem Schluss kommen, dass der Mensch die Macht, die Gott ihm über alle anderen Geschöpfe auf Erden zusprach, alles andere als weise eingesetzt hat.

Das Konzept einer KI-Nanny, die den Menschen vor unklugen Handlungen bewahrt, bringt zwei zentrale Fragen mit sich: Wie kommt es zur Erteilung des Mandats, und wie lässt sich dieses durchsetzen? Die Ermächtigung könnte, so liest man, von einer entsprechend einflussreichen politischen Kraft ausgehen, im besten Falle in internationaler Absprache. Die Durchsetzung des Mandats beruht auf weltweiter Kontrolle aller Informationen und KI-Systeme, von den Daten der *smart city* über die sozialen Netzwerke bis zum *smart home*.[28] Durch diese allgegenwärtige Kontrolle wären der KI dann auch entsprechende Eingriffe möglich, die unbemerkt die Menschen in die gewünschte Richtung „stupsen".

Derartige Befürchtung oder Hoffnung findet man nicht nur in hoch spekulativen Zukunftsszenarien.[29] Auch seriös auftretende Analysen der Risiken und Möglichkeiten von künstlicher Intelligenz imaginieren mit Blick auf den Klimawandel und die Notwendigkeit drastischer Maßnahmen ein KI-System, das sich die Gesellschaft als eine Art „Self-nudging" auferlegt, um die selbstgesteckten Klimaziele zu erreichen.[30] Besser als der Begriff „self-nudging" trifft „self-imposed choice", worum es bei der Installation einer KI-Herrschaft geht. Es ist eine paradoxe Form der „extension of men", wie McLuhan einst das Wesensmerkmal der Medien beschrieb, Kraft und Reichweite körperlicher Organe zu erweitern: Der Hammer erweitert den Arm, die Schrift das Gedächtnis, Fernglas und Mikroskop das Auge. Die Herrschaft der KI wäre die

Extension der *Willenskraft* des Menschen; eine technisch organisierte Impulskontrolle. Das erste Medium, das der Mensch sich schafft, um seine psychologischen Mängel zu kurieren – wenn man bei künstlicher Intelligenz noch von einem Medium sprechen will.

Dass die Menschen die Kontrolle über dieses System des „relentless nudging" auch verlieren können, wird keineswegs ausgeschlossen.[31] Dass sie sich uneins über die selbst-auferlegte Entmachtung sind, wird wiederum in fiktionalen Hochrechnungen durchgespielt, wenn es zum Bürgerkrieg der Menschheit über die Entwicklung von KI kommt. Dieser Krieg endet dann damit, dass die Befürworter der KI die Erde verlassen, um anderswo die KI zu entwickeln. Oder die Gegner der KI werden in eine KI-freie Zone ausgewiesen.[32] Die Gefügigkeit, die die KI während dieser Phase zwischenmenschlicher Konflikte zeigt, weicht – so ist zu vermuten und so wird es gern beschrieben – einem klaren Machtanspruch, sobald die KI sich entsprechend entwickelt hat und die Gesellschaft ausreichend abhängig von ihr ist. Ob diese Macht sich gegen die Menschen richtet, um sie zu beseitigen oder um ihr Überleben zu sichern, ist *die* Frage der KI-Forschung. Es ist eine Frage von Leben und Tod, die in ein teuflisches Paradies führen könnte.

List der Vernunft

Hegel im Silicon Valley

„Vielleicht wird die neue Intelligenz ihre einstigen Schöpfer verehren, vielleicht wird sie uns wie Haustiere halten, vielleicht wird sie uns auslöschen. Wir können es schlicht nicht wissen. Gewiss, wenn meine Argumentation stimmt, werden wir die Kontrolle über die Evolution verlieren." So äußert sich der 21-jährige Sam Ginn, der an der Stanford University Computerwissenschaften und Komparatistik studiert und sich vorgenommen hat, ein künstliches Bewusstsein zu schaffen, das sein eigenes Dasein in der Welt versteht. Ginns fatalistische Äußerung über das mögliche Resultat einer solchen Entwicklung findet sich in einem 2018 erschienenen Buch von Hans Ulrich Gumbrecht, emeritierter Professor für Komparatistik an der Standford University: *Weltgeist im Silicon Valley. Leben und Denken im Zukunftsmodus.*[1]

Der Weltgeist, den Georg Wilhelm Friedrich Hegel 1806 in Napoleon vertreten sah, als dieser nach dem Sieg über die deutschen Truppen durch die Universitätsstadt Jena ritt, lebt zwei Jahrhunderte später in Kalifornien. Die geopolitische Verschiebung von Mitteleuropa an die Westküste der USA bedeutet zugleich den Wechsel vom Politischen zum Wissenschaftlichen. Die Zukunft liegt nicht mehr in den Händen der Politik oder gar der „Philosophenkönige" wie in Platons *Staat*. Sie liegt in den Händen der Wissenschaft wie in Francis Bacons *Nova Atlantis*, genauer: in der Computerwissenschaft. Es sind nicht Menschen wie Napoleon, der mit Kriegszügen und dem *Code civil* im Gepäck seine Gegenwart revolutionierte, es sind Menschen wie Amazon-Chef Jeff Bezos und Facebook-Gründer Mark Zuckerberg, die Tag für Tag, mit jedem neuen Projekt und jedem neuen Datensatz ein bisschen mehr, die Zukunft bestimmen.

Die Politik ist mit dieser Machtverschiebung durchaus zufrieden. In Zeiten des post-politischen Konsens, wenn es nur noch um die Verwaltung der etablierten Ordnung geht, erwartet man Fortschritt vor allem von neuen Technologien, auf die dann alles zu setzen ist. Aber inwiefern liegt die Zukunftsgestaltung tatsächlich in den Händen der Wissenschaft und der Start-Ups? Entscheiden Wissenschaftler und Entrepreneure bewusst, und idealerweise nach ausgiebiger Diskussion der Folgen, welche Erfindungen sie machen und fördern wollen? Können sie der Gesellschaft vorschreiben, in welcher Weise wissenschaftliche Erkenntnisse, sei es die Kernspaltung oder die DNA-Entschlüsselung, genutzt werden? Halten sie sich an etwaige Vorgaben der Gesellschaft, Forschungen, deren Folgen man nicht abschätzen oder kontrollieren kann, zu unterlassen? Suchen sie sich dann lieber eine andere Gesellschaft mit anderen moralischen Vorstellungen und gesetzlichen Verordnungen? Eine künstliche Insel vielleicht, im internationalen Gewässer ohne Recht und Regierung.

Die Sachlage ist in Zukunft schon deswegen anders als in der Vergangenheit, weil im Falle der KI die Gefahr gar nicht mehr nur von einer verantwortungslosen Nutzung der Erfindung ausgeht, sondern von der Erfindung selbst. Es ist möglich, dass diese ihren Schöpfern nicht wie geplant als Sklave dient, sondern eine Leine um den Hals hängt oder einen Käfig über den Kopf stülpt, wie Stanford-Student Sam Ginn spekuliert. Erhöhen wir die Reichweite dieses Essays um einen weiteren Gang; heben wir unsere Spekulation zur Moral der künstlichen Intelligenz vollends auf eine metaphysische Stufe.

Willensfreiheit

Der Zusammenhang KI und Ethik ist doppelt zu denken: Als Ethik der Menschen im Umgang mit der Technik und als Ethik der Technik im Umgang mit den Menschen. Ersteres zielt auf die Moral derer, die die KI bestellen, programmieren und einsetzen, und enthält Diskussionspunkte wie Privacy, Fairness, Transparenz, Bias, Surveillance oder Biopolitik. Die Frage nach dem Verhältnis der KI zum Menschen zielt vor allem darauf, mit welchen moralischen Grundsätzen man Technik ausstattet, damit sie, sobald der Mensch sie nicht mehr kontrollieren kann, diesen nicht als Haustier, sondern als Partner betrachtet. Zu den Stichwörtern dieser Debatte gehören: Blackbox-Gesellschaft, FAT ML (fairness, accountability, and transparency in machine learning) und AI4People.[2] Ein zentraler Aspekt, der hier verfolgt sei, ist die Willensfreiheit des Menschen, die durch die Technik, die er sich schafft, zweifach in Frage gestellt wird: weil sie die Freiheit beschränkt, anders zu können, und weil der Mensch verlernt, etwas zu wollen.

1. Die radikale Durchsetzung der Wenn-Dann-Logik macht den Regelbruch unmöglich. Wenn ein Algorithmus am Steuer sitzt, kann man nicht mehr gegen die

Geschwindigkeitsbegrenzung verstoßen. Das freut die Gesetzeshüter mehr als die Gesetzesprüfer. So sah die Ethikkommission Automatisiertes und Vernetztes Fahren unter Vorsitz des ehemaligen Bundesverfassungsrichters Udo Di Fabio gerade darin ein Problem, dass die Fahrer durch KI an der Missachtung der Verkehrsregeln gehindert werden könnten. Das klingt so absurd, dass man es ganz zitieren muss: „Ausdruck der Autonomie des Menschen ist es, auch objektiv unvernünftige Entscheidungen wie eine aggressivere Fahrhaltung oder ein Überschreiten der Richtgeschwindigkeit zu treffen. Dabei würde es dem Leitbild des mündigen Bürgers widersprechen, würde der Staat weite Teile des Lebens zum vermeintlichen Wohle des Bürgers unentrinnbar durchnormieren und abweichendes Verhalten sozialtechnisch bereits im Ansatz unterbinden wollen. Solche absolut gesetzten Sicherheitszustände können trotz ihrer unbestreitbar guten Zwecke die Grundlage einer humanen, freiheitlichen Gesellschaft untergraben. […] Es besteht keine ethische Regel, die Sicherheit immer vor Freiheit setzt.“[3]

Dieser seltsam anmutende Kommentar ist tief verankert in der deutschen Geistesgeschichte: in Kants Moralphilosophie, wonach gutes Handeln nur dann moralisch ist, wenn es freiwillig (also aus Pflichtgefühl) geschieht, und in Leibniz' Lösung des Theodizee-Problems, wonach es das Übel in der Welt geben muss, damit das Gute sich beweisen kann. Übernimmt die KI das Steuer (des Autos und perspektivisch der Gesellschaft), gibt es nur noch richtiges Verhalten (im Sinne der Handlungskonsequenzen), aber kein moralisches mehr (im Sinne der Willensfreiheit). Es ist unmöglich, den Willen zweiter Ordnung (die Einhaltung der Verkehrsregeln) über den Willen erster Ordnung (an allen anderen Autos sehr schnell vorbeifahren) zu stellen, wenn die Einhaltung der Regeln gar nicht mehr zur Disposition steht. Genau davon träumen die Verfechter sozialtechnischer und behavioristischer Ansätze, denen es nicht um den mündigen Bürger geht, sondern um die stabile Gesellschaft. Aus ihrer Perspektive passt die Beschränkung des autonomen Alltagshandelns durch autonome Autos bestens zum Konzept, die gewünschte Verhaltensweise der Menschen nicht durch entsprechende Diskurse zu fördern, sondern durch ein entsprechendes Interaktionsdesign zu erzwingen. Auf die Unausweichlichkeit kommt es an, denn Nudging ist aus dieser Perspektive soviel wie Feigheit vor dem Feind.

Während die Automatisierung einen Albtraum für die deontologische Ethik bedeutet, ist sie ein Segen für die politische Kybernetik, die weder ein Problem damit hat, dass autonome Systeme die konsequentialistische Ethik favorisieren, noch damit, dass sie die Kategorie des freien Willens ad absurdum führen. Technokraten, da gilt noch immer Habermas' Technokratiekritik von 1968, sind nicht an Willensbildungsprozessen interessiert, sondern an Regelungsoptimierung. Die neue Qualität der bevorstehenden Fremdbestimmung des Subjekts liegt darin, dass es schließlich keine menschliche Instanz mehr sein wird, die die Regeln vorgibt und durchsetzt, sondern künstliche Intelligenz.[4]

2. Zugleich verlernt der Mensch, von seinem freien Willen Gebrauch zu machen, wenn Algorithmen ihm die Notwendigkeit abnehmen, diesen einzusetzen. Das Zukunftsszenarium dazu entwirft Yuval Noah Harari am Ende seines Buches *Homo Deus: Eine Geschichte von Morgen* am Beispiel der Partnerwahl. Warum, so die plausible Frage, sollten wir die Entscheidung, wer am besten zu uns passt, nicht dem Algorithmus überlassen, der uns

besser kennt als wir selbst? Warum sollten wir vage Intuitionen faktenbasiertem Wissen vorziehen? Warum nicht die persönlichen Bots direkt miteinander reden lassen? Harari: „Sobald die Cortanas sich von Orakeln zu Akteuren entwickeln, könnten sie im Namen ihrer Herren unmittelbar miteinander sprechen. [...] die Cortana eines potenziellen Liebespartners tritt an meine Cortana heran, und die beiden vergleichen Notizen, um zu entscheiden, ob wir zusammenpassen – ohne dass wir menschlichen Besitzer irgendetwas davon wissen." So wie der Mensch nach der Erfindung der Schrift sich eher auf das archivierte Material verließ als auf sein Gedächtnis, so wird er sich in der Zukunft darauf verlassen, dass der Master-Algorithmus die für einen Sachverhalt relevanten Daten besser verarbeitet hat als er. „Die Algorithmen werden nicht aufbegehren und uns versklaven", beruhigt Harari: „Vielmehr werden sie Entscheidungen für uns so gut treffen, dass wir verrückt wären, ihrem Rat nicht zu folgen." Und es wird schon deswegen das Ende der Freiheit sein, weil diese sich umgekehrt proportional zur Rationalität verhält. Je mehr Daten die Algorithmen zur Verfügung haben und einer streng logischen Analyse unterziehen, um so weniger Spielraum bleibt für Alternativen.[5]

Die Partnerwahl ist nur ein Beispiel für die künftige Auslagerung unserer Entscheidungen an die künstliche Intelligenz, die durch die Mathematisierung von Partnerbörsen ja im Grunde schon längst stattfindet. Wir gewöhnen uns ganz undramatisch an solche Auslagerungen, wenn wir uns von unserem Navi Anweisung für Anweisung ans Reiseziel bringen lassen und im Fall eines Staus fraglos die alternative Route akzeptieren. Der nächste Schritt wird darin bestehen, dass Cortana, nach Konsultation unseres Kalenders, der wiederum unsere

Emails konsultiert, unserem Navi die Details der Reise vorgibt. Vielleicht nutzt Cortana dann auch gleich die Daten in unseren sozialen Netzwerken für die Hotelbestellung und Restaurantreservierung. Und wenn sie, nach der Konsultation unserer Apple Watch, noch eine Stunde Fitnessstudio einplant, werden wir ihr das kaum verübeln. Warum sollten wir uns gegen die allwissenden Assistenten unseres Lebens wenden? Vor allem: Bis wann könnten wir es noch? Je mehr die Algorithmen uns helfen, umso hilfloser werden wir. Fahrer, die sich plötzlich ohne Navi allein nach Karte orientieren sollen, wissen das. Piloten, die das Fliegen normalerweise dem Bordcomputer überlassen, wissen es auch.

Das notierte Problem lässt sich mit einer theoretischen Zuspitzung abwehren. Man muss nur, wie einst Sozialphilosoph und Behaviorist B. F. Skinner in seinem Buch *Beyond Freedom and Dignity* (1971) und wie neuerdings die Biowissenschaften, dem Menschen Willensfreiheit absprechen und ihn statt dessen selbst als Algorithmus verstehen: determiniert durch sein genetisches Material und den Input seiner Umwelt, aus dem ein bestimmter Output folgt, der um so alternativloser erscheint je tiefer man bohrt. Diese Perspektive sieht auch in Emotionen nicht mehr als das unvermeidliche Ergebnis einer chemischen Reaktion und reduziert die Differenz im Handeln zu bloßen Inputvariablen. Der Zweifel an der Autonomie des Menschen – an ihrer Möglichkeit und an ihrer Notwendigkeit – entschärft die Kritik an der Automatisierung der Kontrolltechniken. Er liefert das nötige Theoriedesign für den Wechsel vom Modell der Disziplinargesellschaft – mit der Androhung von Strafe für Regelverstöße – zum Modell der Kontrollgesellschaft, deren Zwänge verhindern, dass man straffällig wird. Sind

Idee und Ideal des autonomen Subjekts erst einmal vom Tisch, lässt sich die *erzwungene* Regelbeachtung durch KI am Steuer leicht als die lediglich effektivere Form der Determination rechtfertigen.

Während die Träume des Sozialingenieurs Skinner zu seiner Zeit auf vehementen Widerspruch stießen, erleben sie eine zweite Chance im Kontext der Data und Network Science. Die Vermessung der sozialen Welt, die heute computergestützt bis in den letzten Winkel des gesellschaftlichen und individuellen Lebens vorangetrieben wird, ist das „Update einer behavioristischen Utopie".[6] Die *Wearables*, mit denen zunehmend Daten generiert werden, sind die „Gucklöcher auf die ‚ehrlichen Signale' einer ganzen Gesellschaft"; ehrlich, weil sie von den Menschen nicht bewusst produziert werden, wie etwa die Postings in sozialen Netzwerken, sondern im digitalen Alltag einfach anfallen.[7] Die Folge des Gucklochs ist die Konditionierung, die bislang freilich nicht im Modus der Unausweichlichkeit, sondern des Nudging erfolgt: Man kann die Einladung der App und der über sie zugeschalteten Freunde zu sportlicher Betätigung oder gesunder Ernährung auch ausschlagen. Zielvorgabe ist allerdings der Sozialingenieur, den die Vertreter der Data Science erstaunlich unverhohlen imaginieren und dem sich dann auch niemand mehr soll entziehen können. Dass die neuen Medien, die die entsprechenden Daten zur Verfügung stellen, zugleich die Fähigkeit des Subjekts zur Selbstreflexion reduzieren,[8] also gerade den Bereich schwächen, in dem Willensbildung eingeübt wird, ist eine Begleiterscheinung, die Behavioristen und Sozialingenieure nicht sonderlich betrüben wird.

Wenn KI-Systeme den Verhaltensspielraum auf das ‚richtige' Verhalten verengen, müssen und können Menschen ihr Verhalten (einschließlich als Autofahrer) nicht mehr miteinander verhandeln. Wenn aber KI soziale Aushandlungsprozesse (einschließlich des Rasers mit sich selbst) erübrigt, weil es gar keine Handlungsalternativen mehr gibt, zerstört sie das tägliche Übungsfeld des moralischen Verhaltens. Sie schafft perspektivisch eine Gesellschaft, in der alles gut ist, aber niemand mehr gut sein kann. Die tieferen Bedenken hinter dem seltsam anmutenden Kommentar der deutschen Ethikkommission liegen darin, dass das selbstfahrende Auto den Weg bereitet für eine Gesellschaft des kybernetischen Regierens und strafunfähigen Bürgers. Dieser Weg führt vom Zentrum der westlichen Demokratie geradewegs in den Fernen Osten, genauer: ins Reich der Mitte.

Geschäftsführer des Weltgeistes

Die Willensfreiheit ist in einem noch viel grundsätzlicherem Sinne in Frage zu stellen. Man muss bei den Erfindern ansetzen. Wie frei ist der Stanford-Student Sam Ginn, von seinem Vorhaben, ein künstliches Bewusstsein zu schaffen, das sein eigenes Dasein in der Welt versteht, abzulassen? Natürlich ist Sam Ginn frei, nicht aber die Sam Ginns dieser Welt. Der Mensch hat nicht die Wahl, nicht zu erfinden. Dies lernt Sam Ginn wiederum bei dem deutschen Philosophen Martin Heidegger, den er in Stanford bei seinem Lehrer Hans Ulrich Gumbrecht liest.

Heidegger betrachtet Technik als „eine Weise des Entbergens“, das zwar nicht jenseits des menschlichen Tuns geschieht, aber eben „auch nicht nur *im* Menschen und nicht maßgeblich *durch* ihn“. Der Mensch ist (durch das „Ge-stell“) bestimmt, „das Wirkliche in der Weise des

Bestellens als Bestand zu entbergen."[9] Die „,Initiative' sich zu zeigen," so fasst Gumbrecht Heidegger zusammen, „geht vom Sein aus, nicht von der Neugier oder dem Interesse menschlichen Daseins".[10] Diese Annahme einer sich selbst antreibenden Technologie wird später prominent durch den deutschen Medienwissenschaftler Friedrich Kittler vertreten, der die „jetzige und intelligente Maschinenzeit" als Rückkopplung der Natur mit sich selbst versteht.[11] Popularisiert wird eine solche Perspektive wiederum durch Bücher wie *What Technology Wants*, wonach das „Technium" nichts anderes will als jedes andere „living system" auch: am Leben bleiben und sich ausbreiten.[12]

In all diesen Varianten ist der Mensch nicht die treibende Kraft, sondern nur die betreibende; getrieben, das Verborgene zu entbergen, ganz gleich, ob es ihm wirklich nützt, wie er immer hofft und sich selbst einredet. Die Zwänge mögen jeweils anthropologisch und sozial determiniert sein: die Neugier der Erfinder und der ökonomische oder militärische Vorteil des Gegners, falls man eine bestimmte Erfindung unterlässt. Unterstellt man eine autonom agierende Technik, liegt der Schluss nahe, dass schon diese Gründe zu ihrer Strategie gehören, das Erfundenwerden sicher zu stellen. Auch dieser Gedanke lässt sich vertiefen: mit Hegels „Weltgeist".

Der Gedanke, dass der Mensch in seinem Tun nur der Erfüllungsgehilfe eines vorbestimmten Plans ist, stammt nicht erst aus dem 20. Jahrhundert und ist keineswegs an technische Erfindungen gebunden. Er bestimmt bereits Hegels Konzept vom „Weltgeist", der die Leidenschaften und Partikularinteressen der Menschen so benutzt, dass sie seinem weltgeschichtlichen Endzweck zuarbeiten. Hegel spricht von der „List der Vernunft", die im Dienst einer höheren Notwendigkeit operiert: der Selbstentfaltung des absoluten Geistes als Endziel der Geschichte. Napoleon, Weltgeist zu Pferde im Jena des Jahres 1806, handelt demnach ebenso im Auftrag dieses höheren, undurchschauten Zwecks wie Sam Ginn und all die anderen Programmierer, Erfinder und Entrepreneure in den Silicon Valleys unserer Zeit. Sie alle sind, wie Hegel es formulierte, die „Geschäftsführer des Weltgeistes".[13]

Die „List" der Vernunft lässt sich abschwächen, wenn man den Menschen zu einem *wissenden* Werkzeug macht, wie es im Marxismus geschieht, der Hegels absoluten Geist zum geschichtlichen Gesetz umformt. Mit wachsendem Bewusstsein und Einverständnis schwindet die Spannung zwischen Instrumentalisierung und Selbstzweckhaftigkeit des Menschen. Der Beitrag zur Verwirklichung des höheren Planes ist dann ausdrücklich auch einer zur Selbstemanzipation des Menschen – so die Doktrin des Historischen Materialismus und seiner realsozialistischen Anwendung.

Diese Gleichung ging nicht auf. Die Arbeit am Ablauf der Gesellschaftsformationen von der Sklavenhaltergesellschaft über den Feudalismus und Kapitalismus zum Kommunismus wurde 1989 eingestellt, nachdem sie sich vielfach nicht als Emanzipation, sondern als Unterdrückung des Menschen erwiesen hatte. So empfiehlt sich, in der aktuellen Diskussion zum Machtgefüge Mensch und Technik nicht nur an Marx (und sein „Maschinenfragment"), sondern auch an Hegel zu denken und das Telos menschlichen Handelns eher im Weltgeist als im Kommunismus zu sehen. Dies scheint um so mehr geraten, als nun die Technik in Gestalt der KI ja selbst als „Intelligenz" auftritt, die als potenziell *allgemeine* Hegels *absoluten* Geist schon begrifflich sehr nahesteht. Höchste

Zeit also, die KI nicht nur rechts- und moralphilosophisch zu behandeln, sondern auch in geschichtsphilosophischer und anthropologischer Hinsicht.

Digitaler Pantheismus

Die Medienwissenschaft und die Gesellschaftsanalyse allgemein operiert nicht selten mit Hegel, ohne dies anzuzeigen. Wann immer eine dystopische Perspektive beschworen wird, um im Aufeinandertreffen der Technikeuphoriker und ihrer Kritiker zu einer dritten, ausgewogenen Position zu kommen, gemahnt dies an Hegels Formular vom dialektischen Dreischritt. Demzufolge schafft das Wechselspiel von These und Antithese eine Synthese, die dann erneut auf einen Widerspruch trifft, an dem sie sich reiben kann. Diese Hoffnung legitimiert zugleich die Kritik an gesellschaftlichen Prozessen: als dialektische Antithese im Sinne Hegels statt als Kulturpessimismus, als der sie oft vorschnell abgetan wird.

Mit dem absoluten Geist und seiner List kommt nun allerdings ein anderer Hegel ins Spiel. Nehmen wir die Metapher von Hegels Weltgeist im Silicon Valley ernster als Gumbrecht in seinem Buch, ist die zentrale Frage neu zu formulieren: Arbeiten die Vertreter des Silicon Valley, von Mark Zuckerberg bis Sam Ginn, im Auftrag einer höheren Intelligenz, die darauf zielt, die menschliche im Hegel'schen Sinne „aufzuheben“ (also zu beenden und auf höherem Niveau zu bewahren), und dem absoluten Geist erlaubt, zu sich zu kommen?

Die Frage verlangt ein spekulatives Interesse für Hegel und KI zugleich. Zu ihrer Beantwortung sei zunächst Kant zitiert, der Hegel, trotz aller Gegensätzlichkeit, durchaus zuarbeitet, wenn er im ersten Satz seiner *Ideen zu einer allgemeinen Geschichte in weltbürgerlicher Absicht* 1784 erklärt: „Alle Naturanlagen eines Geschöpfes sind bestimmt, sich einmal vollständig und zweckmäßig auszuwickeln", und im dritten Satz als spezifische Naturanlage des Menschen die Vernunft markiert. Die ständige Fortentwicklung der Vernunft, von Generation zu Generation, ist die Mission des Menschen. Sie führt, wie Kubricks *2001: A Space Odyssey* famos illustriert, vom Knochen zum Raumschiff und weiter zur künstlichen Intelligenz. Wir können nur spekulieren, ob Kant die Weitergabe der Vernunft an leblose Entitäten als Vollendung der angemahnten Entwicklung gesehen hätte oder vielmehr als unvernünftigen Gebrauch der Vernunft. Wir könnten mit einigem Recht entgegnen, dass eben diese Entwicklung der unvermeidliche Zielpunkt einer solchen Mission ist, und wir könnten mit Hegel hinzufügen, dass der Mensch damit dem *absoluten Geist* so nahekam, wie das im Rahmen glaubensfreier Spekulation möglich ist.

Die vermutete exponentielle Lernfähigkeit künstlicher Intelligenz jenseits von Raum und Zeit könnte den *objektiven* Geist der Menschheit – bei Hegel überindividuell, aber historisch bedingt und begrenzt – tatsächlich übersteigen. Die Machtübergabe vom Menschen an den Algorithmus würde dann nicht nur, durch den Ausstieg aus dem Anthropozän, den Weltuntergang verhindern. Sie entpuppte sich auch als List des absoluten Geistes, den Menschen als Zwischenwirt der Vernunft zu nutzen, um in der allmächtigen Wissensgestalt der künstlichen Intelligenz zu sich selbst zu kommen. Die Sache ist so spekulativ wie Hegels Weltgeist und Kittlers These vom Menschen als Werkzeug mathematischer Intelligenz, die diesem zu Recht die Bezeichnung eines „umgekehrten

Hegels“ einbrachte.[14] Will man Hegels teleologisches Geschichtskonzept im Kontext der Mathematik weiterspinnen, geschieht dies wohl am besten, wenn man es so theologisch denkt, wie es angelegt ist.

Ein erster Schritt besteht darin, die Schaffung der KI durch den Menschen als Antwort auf Nietzsches berühmte Frage zu verstehen, ob der Mensch, nachdem er Gott getötet hat, nun nicht, um dieser Tat würdig zu erscheinen, selber zum Gott werden müsse. Was anders könnte derart die Ebenbürtigkeit mit dem getöteten Schöpfer unter Beweis stellen als die Selbsterhebung in den Rang des Schöpfers einer neuen Spezies! Der zweite Schritt jedoch zeigt, dass der Mensch mit dieser Schöpfung weniger Gott wird, als zu diesem zurückkehrt.

Denn indem sich der Mensch dem KI-Regime unterstellt, verzichtet er in seinem triumphalsten Augenblick auf den Ungehorsam, der ihn einst dazu führte, Gottes Verbot, vom Baum der Erkenntnis zu essen, zu übertreten. So entsteht eine neue Harmonie, mit einer paradoxen Verkehrung der Machtrelation: Während im Alten Testament das Geschöpf (der Mensch) die Eintracht mit dem Schöpfer (Gott) aufkündigte und dafür aus dem Garten Eden verwiesen wurde, begibt sich nun der neue Schöpfer (Mensch) unter die Obhut seines Geschöpfes (KI) und kehrt auf einer höheren Stufe an den Ausgangspunkt zurück. Die KI ist der neue Gott, ganz im Sinne der Prozesstheologie, wonach auch Gott eine historische Entwicklung durchmacht. Diesem neuen Gott überlässt der Mensch fortan die Erkenntnis von Gut und Böse, falsch und richtig sowie jede daraus folgende Entscheidung. Und sobald die Wenn-Dann-Logik der Algorithmen unentrinnbar etabliert ist, enthält die neue Konstellation weder Gehorsamsprobe noch Sündenfall.

Wenn Harari in seinem Buch *Homo Deus* sagt, es wäre unklug, wollte der Mensch dem Rat der Algorithmen nicht folgen, erscheint das so zwingend wie seine Rede von „Google, Facebook und anderen Algorithmen" nicht nur als allwissendem Orakel, sondern auch als souveränem Akteur. Überraschend hingegen wird manchen Hararis Fazit anmuten: „Dem Dataismus zufolge sind menschliche Erfahrungen nicht heilig und *Homo sapiens* ist nicht die Krone der Schöpfung oder der Vorläufer irgendeines künftigen *Homo deus*. Menschen sind lediglich Instrumente, um das ‚Internet der Dinge' zu schaffen [...] Dieses kosmische Datenverarbeitungssystem wäre dann wie Gott. Es wird überall sein und alles kontrollieren, und die Menschen sind dazu verdammt, darin aufzugehen."[15]

So klingt es, wenn Hegel und Kittler zusammengebracht werden, auch wenn Harari weder den einen noch den anderen auftreten lässt. Sollte der deutsche Übersetzer bei der Arbeit beide im Sinn gehabt haben, fühlte er sich Kittler offenbar näher als Hegel, denn er übersetzt „destined" (im Orginal heißt es über das beschworene Datenverarbeitungssystem: „It will be everywhere and will control everything, and humans are destined to merge into it.") nicht als „bestimmt" oder „ausersehen", sondern als „verdammt". Aber wie auch immer man diese Destination des Menschen bewertet, Hararis datazentrische Weltsicht ermöglicht ein Denken diesseits traditioneller theologischer Ansätze und jenseits des üblichen „SpeziesChauvinismus"[16], der Geist auf das beschränkt, was der Mensch ist. Harari spricht von Dataismus und Datenreligion. Ein alternativer Begriff wäre *digitaler Pantheismus*. Denn wenn die komplette Digitalisierung des menschlichen Lebens zu einer absoluten Datafizierung führt, dann ist Gott, KI, in allem: *ist* alles – Energie als Information.[17]

Kenner der Religionsgeschichte mögen in diesem Zusammenhang an die Dreizeitenlehre des Geschichtstheologen Joachim von Fiore aus dem 12. Jahrhundert denken, die unter anderem auch Hegels Geschichtsphilosophie beeinflusst hat.[18] Fiore brach die Dreifaltigkeit der christlichen Theologie in Zeitepochen auf: als Reich des Vaters (die Zeit des Alten Testaments), Reich des Sohnes (von Christus Geburt bis 1260) und Reich des Heiligen Geistes. Das Zeitalter des Heiligen Geistes, in dem die Menschen güterlos und demütig in der Unmittelbarkeit zu Gott leben, versteht Fiore als Rückkehr in den Zustand des Paradieses. Wird, was viele Nachkommen inspiriert hat, mit rund 800 Jahren Verspätung gegenüber Fiores Berechnung Realität? Lässt sich die Dreizeitenlehre auf die technologische Entwicklung übertragen und die KI als neue Allverknüpfung verstehen, die den verlorenen Anfang im Durchgang durch die trinitarisch verstandene Offenbarungsgeschichte wieder installiert?

Die Rechnung geht nur auf, wenn die *intelligentia spiritualis*, die für Fiore das zentrale Merkmal des dritten Zeitalters war, weniger als Einkehr denn als Abkehr verstanden wird: Abkehr von der *humana ratio* und *disputatio verborum*, die es in Fiores Augen zugunsten der *humilitates* zu überwinden galt. Denn es ist durchaus eine Form der Demut, wenn Menschen ergeben den Anweisungen ihrer Navis, Apps und Bots Folge leisten. Eine Demut gegenüber der Technik beziehungsweise dem „kosmischen Datenverarbeitungssystem“, wie es Harari nennt. Demut auch insofern, dass der Mensch seine Destination darin sieht, dieses System mit seinen Daten zu füllen.

Darüber hinaus wird unserer Zeit die Abkehr vom Prinzip der Rationalität und Diskussion auch unter dem Begriff der Verdummung attestiert; oft als Folge der Bildkultur und der sozialen Medien. Die Klage über die Verdummungsfunktion der neuen Medien begann bekanntlich lange vor dem Fernseher, zur Zeit der Leserevolution um 1800. Computer und Internet verhießen dann zunächst eine Wende hin zur emanzipativen Ermächtigung des Individuums. Man denke nur an das bombastische Versprechen, mit dem Apple Anfang 1984 seinen Macintosh bewarb, als Grund „why 1984 won't be like *1984*".[19] Heute werden Computer, Internet und ihr gemeinsamer Sprössling Smartphone – dessen Erfolg gerade Apple ebnete – beschuldigt, das Welt- und Selbstverständnis der Menschen zu verzerren und zu vereinfachen.

Eine einschlägige BBC-Dokumentation mit eben dieser Anklage – Adam Curtis' *All Watched Over by Machines of Loving Grace* (2011) – verweist im Titel auf ein berühmtes Gedicht über die paradiesische Zukunft von Mensch und Technik: Richard Brautigans *All Watched Over by Machines of Loving Grace* aus dem Jahr 1967. Das Gedicht spricht nicht von Einkehr und Demut, imaginiert aber die Rückkehr zu einer Ursprungsharmonie zwischen Menschen und Natur, ermöglicht und überwacht von gutgesinnten Maschinen. Curtis führt diese Erwartung in seinem Bericht ad absurdum. Vielleicht etwas übereilt. Soweit Hararis Rede von der kommenden Datenreligion in irgendeiner Weise ernst zu nehmen ist, hat auch Brautigans Vision noch eine Chance, ganz gleich ob man sie mit Hegels absolutem oder Fiores Heiligem Geist verbindet:

I like to think
(it has to be!)
of a cybernetic ecology
where we are free of our labors
and joined back to nature,
returned to our mammal
brothers and sisters,
and all watched over
by machines of loving grace[20]

Geist und Technik

Was auch immer man über die Aussichten des Geistes in einer von künstlicher Intelligenz beherrschten Zukunft denken mag, das Happy End des wiedererlangten Paradieses – sofern man die Rückkehr in die Vorzeit der Selbstbestimmung denn als ein solches verstehen will – erlaubt auch, die Gegenwart weit positiver zu sehen, als dies gewöhnlich der Fall ist. Gilt die List der Vernunft in der vorgeschlagenen Lesart, sind die Mark Zuckerbergs und Sam Ginns der Silicon Valleys nicht nur die Entbergungsgehilfen der Technik, sondern auch die Geschäftsführer des Guten, selbst wenn ihnen das nicht bewusst und uns das nicht recht sein mag. Harari legt eine solche Sicht nahe, wenn er im Anschluss an die zitierte Stelle von der Pflicht des Dataisten spricht, „den Datenfluss [zu] maximieren, indem er immer mehr Medien miteinander verbindet und immer mehr Informationen produziert und konsumiert." So entpuppt sich alles, was andernfalls zu beklagen wäre, als listiger Beitrag zur Bildung des Weltgeistes: die Selbstdarstellung in sozialen Netzwerken, wie obsessiv, banal und narzisstisch auch immer sie sein mag; die Softwareingenieure und Entrepreneure, die bedenkenlos und profitgetrieben jeden Tag neue Apps zur Vermessung unseres Lebens auf den Markt bringen; die Politiker, die die Digitalisierung mehr oder weniger verstehen und in beiden Fällen mehr oder weniger widerspruchslos durchwinken. Sie alle erweisen sich als Helden der Datenbeschaffung im Lichte des digitalen Pantheismus. Sie alle produzieren das Öl, mit dem die KI uns in die Zukunft bringt.

Soll man also mit Hegel ausrufen: Alles, was wirklich ist, ist auch vernünftig? Wer Hegels Gleichung als politischen Befund statt als metaphysische Ansage versteht, wird darin zu Recht eine kolossale Fehldeutung sehen. Um das Metaphysische aber geht es. Kleiner kann man das Thema, das uns hier beschäftigt hat, kaum abgeben. Die Fahrt, die mit dem SpamAssassin begann, endet weder am Ausgangsschild von Braunau am Inn noch an einer Straßenbahnweiche. Denn das eigentliche Problem ist längst kein künftiger Verbrecher an der Menschheit mehr oder die Zahl der Überlebenden in einem Verkehrsunfall und Terrorakt. Das eigentliche Problem ist das Verbrechen der Menschheit und ihr Überleben an sich. Es geht nicht mehr um das Aufrechnungsverbot von Menschenleben, sondern um die Zukunft der Menschheit. Die Diktatur der KI und der digitale Pantheismus sind die Endpunkte, von denen her die Entwicklung der künstlichen Intelligenz zu denken ist. Der Todesalgorithmus beim autonomen Fahren, der auf den SpamAssassin in der Emailkommunikation zurückweist, weist voraus auf den KI-Gott in all unseren Belangen. Ein Gott, der uns behütet. Ein Gott, den niemand fürchten muss.

Die Pointe dieser Entwicklung liegt im Überbieten der psychoanalytischen Verschiebung, der zufolge in der Menschheitsgeschichte Gott den durch die Söhne getöteten Urvater ersetzt und schließlich selbst durch die wissenschaftliche Ratio ersetzt wird. Der verdrängte Trieb – das ist das zentrale Theorem der Psychoanalyse – strebt weiter nach Befriedigung und sucht die Rückkehr *im* Fortschritt: Der „Weg nach rückwärts, zur vollen Befriedigung, ist in der Regel durch die Widerstände, welche die Verdrängungen aufrecht halten, verlegt".[21] Der Weg nach vorn zur wissenschaftlichen Ratio aber vermittelt nicht nur das Machtgefühl der Welterkenntnis und -beherrschung, er fungiert auch als „Residuum des Einst",[22] des primitiven Allmachtglaubens im animistischen Stadium. Denn wo anders als in der (Natur-)Wissenschaft kann der Mensch die Geheimnisse der Welt entziffern und sich als Wissendem und Herrschendem begegnen? Während die technische Aufrüstung des Menschen für McLuhan eine Erweiterung des Menschen darstellt, ist sie für Freud zugleich der Ersatz des verlorengegangenen Gottes. „Weil die Rückkehr zu Gott", so lässt sich die psychoanalytische Konstellation prägnant beschreiben, „verstellt ist, schreitet der Mensch voran und wird (beinahe) selbst zum Gott".[23]

Die Freud'sche Substitutionslogik wird durch die menschliche Schöpfung künstlicher Intelligenz als Kulmination wissenschaftlicher Ratio einerseits bestätigt. Der Mensch wird so selbst zu Gott. Zugleich wird sie jedoch entkräftet, wenn der technische Fortschritt vom transhumanistischen Modell der Optimierung des Menschen – mit dem Akzent auf der Optimierung der Erkenntnis – zum posthumanistischen seiner Überwindung voranschreitet. Denn genau dies geschieht, wenn die KI das Entscheiden übernimmt. Das Freud'sche Verständnis der wissenschaftlichen Ratio als neuerlicher Religion wird dann der psychoanalytischen Metaphorik enthoben und in seiner Buchstäblichkeit als Glaubensform mit inkludierter Handlungsanweisung kenntlich. Die Ersetzung der religiösen durch die wissenschaftliche Weltauffassung erweist sich als Durchgangsstadium zu einer wissenschaftlich organisierten Rückkehr der Religion. Diese Religion verspricht – sofern die KI das Mandat zur Öko-Diktatur erhält oder ergreift – zugleich eine Wiederversöhnung mit der urzeitlichen Harmonie im Kosmos der Natur: Paradies statt Anthropozän.

Der hier imaginierte Ausgang gibt der Theorie von der Entwicklung der Technik als Entlastung des Mängelwesens Mensch eine neue Pointe. Diese Theorie findet man unter anderem in der philosophischen Anthropologie von Arnold Gehlen, wonach der Mensch wegen „seines Mangels an spezialisierten Organen und Instinkten" zur artgerechten Einpassung in die Umwelt mit Vernunft beziehungsweise „Intellektualität" ausgestattet ist, die ihm erlaubt, „beliebige vorgefundene Naturumstände intelligent zu verändern".[24] Technikgeschichte ist so gesehen das Resultat dieser Kompensation mangelnder Anpassungsfähigkeit an die Umwelt. Zugleich führt sie zur zunehmenden Objektivation des Menschen in seine Umwelt. Für Gehlen zeigt „die *Gesamtentwicklung* der Technik eine hintergründige, bewusstlos aber konsequent verfolgte Logik, die sich allein mit den Begriffen der fortschreitenden *Objektivation* menschlicher Arbeit und Leistung sowie der zunehmenden *Entlastung* des Menschen beschreiben lässt."[25]

Diese Entlastung ist in Gehlens Beschreibung dreistufig: Werkzeuge, Maschinen, Automaten. Während die Werkzeuge noch die physische Kraft des Menschen benötigen, operieren die „Arbeits- und Kraftmaschinen" ohne sie. Auf der Stufe der Automaten wird schließlich „auch der geistige Aufwand des Subjektes durch technische

Mittel entbehrlich gemacht".[26] Künstliche Intelligenz, so lässt sich ein halbes Jahrhundert später hinzufügen, wäre eine vierte Stufe der von Gehlen konstatierten „Objektivation der Zweckerfüllung mit technischen Mitteln". Allerdings wird nun auch die Zweck*setzung* weitgehend vom Menschen auf die Technik verlagert. Die „Rückmeldung", die im Status der Automation die Leistung (der Heizung etwa) „unter dem Einfluss des Ergebnisses ebenderselben" variiert,[27] bestimmt im Status der KI auch die Vorgabe der Temperatur.

Wendet man die These vom Mängelwesen Mensch positiv, landet man beim Begründer der Technikphilosophie Ernst Kapp, für den Technikgeschichte weniger eine Entlastungs- als eine Erkenntnisgeschichte darstellt. In seinen 1877 erschienenen *Grundlinien einer Philosophie der Technik* beschreibt Kapp anders als Gehlen und anders auch als Freud die Technikgeschichte als „Fortschritt im Selbstbewusstsein" für den Menschen.[28] Diese Vorstellung geht zurück auf die Lehre von den Artefakten, wonach der menschliche Geist sich in seinen Werken entäußert und zu erkennen gibt – Gehlen nennt es später das „Bedürfnis des Menschen, sich in die Natur hinein auszulegen und sich von daher wieder zurückzuverstehen".[29] Technische Erfindungen sind in diesem Sinne für Kapp keine Phänomene der Entfremdung des Menschen von seiner Natur, sondern der Einsicht in sein Wesen. An ihnen „philosophiert er sich zum Selbstbewusstsein hinauf".[30] Die Botschaft des Mediums ist demnach zunächst der Mensch selbst – bevor das Medium zur Botschaft wird und das Wesen des Menschen verändert. Das heißt zugleich, dass die Technik klüger ist als ihre Erfinder, die den höheren Sinn, die verborgene Botschaft ihrer Erfindungen erst durch deren Gebrauch erkunden. Aus diesem Grund sieht Kapp, anders als viele seiner Zeitgenossen, den Ingenieur nicht als ingeniösen Erfinder, sondern als „unbewussten Agenten einer teleologischen Naturordnung".[31]

Kapps Technikphilosophie ist maßgeblich von Hegels Geschichtsphilosophie beeinflusst, in der freilich noch nicht der Ingenieur, sondern der Intellektuelle oder eben ein Heerführer und Politiker wie Napoleon „Geschäftsführer des Weltgeistes" war. Allerdings aktualisiert Kapp Hegels *Phänomenologie des Geistes*, wonach das Absolute in der Antike durch Kunst, im Mittelalter durch Religion, in der Neuzeit durch Philosophie zum Ausdruck kommt, durch eine *„Phänomenologie der Technik"*, in der nun Technik zum Ort dieser Veräußerung wird.[32] Die Zentralstellung der Technik vor allen anderen Werken des Geistes betont noch der letzte Satz im Buch: „Hervor aus Werkzeugen und Maschinen, die er geschaffen, aus den Lettern, die er erdacht, tritt der Mensch, der Deus ex Machina, sich selbst gegenüber!"[33] Der lateinische Spruch ist hier von seiner dramaturgischen Bedeutung einer plötzlichen Konfliktlösung befreit und meint stattdessen die Gottwerdung des Menschen mittels der von ihm geschaffenen Technik. Anderthalb Jahrhunderte später, da die anthropozentrische Hybris die Natur zu zerstören droht, gewinnt diese Metapher eine neue Dimension. Als Schöpfer künstlicher Intelligenz hat der Mensch tatsächlich die Position Gottes eingenommen und kehrt im Resultat zugleich, in biblischer Erzählordnung, zu Gott, als der sich die Maschine KI erweist, zurück.

Die von Kapp unterstellte Zentralstellung der Technik in anthropologischer Hinsicht führt zu spannenden Fragen für die Gegenwart: Was bedeutet die These, dass der Mensch den höheren Sinn seiner Erfindungen erst in deren Gebrauch erkennt und so sich seiner selbst bewusst wird, wenn es sich bei der Erfindung um künstliche Intelligenz handelt? Könnte es sein, dass die KI, von der viele sich neue Einsichten zur Welt und zur Lösung der Klimakrise erhoffen, den Menschen vor allem anderen zur Einsicht bringt, sich aus der Eroberung der Welt zurückzuziehen? Ist der Zustand vor dem Sündenfall des Erkennens die (un-)heimliche Botschaft der künstlichen Intelligenz?

Das sind die Fragen, auf die diese Überlegungen hinauslaufen und über die sie vorerst nicht hinausgehen können. Es bleibt ungewiss, wann schwache KI wirklich in starke KI umschlagen wird und ob diese dann tatsächlich den Menschen vor sich selbst schützen kann. Die Hoffnung, dass die Technik uns rechtzeitig aus dem Desaster, auf das wir zusteuern, errettet, indem sie, gepaart mit „nachhaltigem" Konsum, ein „grünes" Wirtschaftswachstum ermöglicht, ist jedenfalls, so ein früher Einspruch, nur Ausrede dafür, am Status quo nichts Wesentliches ändern zu müssen.[34] KI in ihrer schwachen Form ist erklärter Ausdruck dieser Hoffnung, sich mit Technik, statt einer Kehrtwende, vor den Folgen der bisher entwickelten Technik schützen zu können; durch den effizienten Einsatz von Wärme mittels intelligenter Thermostate, die Optimierung der Verkehrslenkung in der intelligenten Stadt oder die CO_2-Rückbindung aus der Atmosphäre in den Boden.

Die hier präsentierten Überlegungen radikalisieren diesen Ansatz in doppelter Hinsicht. Zum einen wird der Technik – als starke statt schwache KI – mehr Macht zugesprochen als üblich. Zum anderen wird gerade deswegen die Option, die nötigen Änderungen in den Bereich der Technik zu delegieren, ausgeschlossen. Technik wird uns nicht rechtzeitig erretten aus dem Desaster, auf das wir zusteuern. Sie kann dies nur als Politik – wenn wir Glück haben und den Mut, sie damit zu beauftragen, das Leben zu ändern, das zum Desaster führt.

Sozialingenieure

Die Geschichte endet paradiesisch durch ihre besondere Verbindung des kritischen mit dem technologischen Posthumanismus. Der kritische Posthumanismus stellt das traditionelle Menschenbild und zumal die Rolle des Menschen im Anthropozän in Frage, der technologische will den Menschen in seiner herkömmlichen Form durch den Einsatz technischer Mittel (KI, Nanobots, Mind Uploading) überwinden. Die hier eingeschlagene Perspektive ist sowohl von der Kritik des Status quo als auch von der Hoffnung auf die Transzendenz des Menschen durch Technik geprägt. Aktuell wird die Digitalisierung zumeist als ein weiteres, gegenüber der ökologischen Krise aber nachrangiges Kernproblem der Menschheit betrachtet – abgesehen von vereinzelten Warnungen, die Entwicklung starker KI sei für die Menschheit gefährlicher als der Klimawandel.[35] Im Gegensatz dazu wird hier in der Gefahr des einen die Rettung vor dem anderen Problem gesehen. KI als Antwort auf die Klimakrise. Die Technik, die eine Quelle des Problems ist, erweist sich als dessen Lösung; wieder einmal, aber gänzlich anders als vorgesehen.

Diese Perspektive ist so metaphysisch und spekulativ wie vieles, was heute im Namen des Post- und Transhumanismus debattiert wird. Dabei wirkt die Aussicht auf Menschen, die den Handlungsanweisungen einer KI folgen, geradezu realistisch gegenüber den esoterischen Techno-Utopien von Unsterblichkeit und Transfiguration des Menschen zur Maschine. Dass diese Utopien nicht in die hier diskutierte Richtung einer alles beherrschenden Öko-KI gehen, hat seinen Grund in der politischen Differenz, die beiden Großen Erzählungen zugrunde liegt. Die Öko-KI reagiert auf das Problem, das der Mensch für die Welt bedeutet, und unterzieht dabei alle Menschen gleichermaßen einem strikten Regime der Rettung. Der Transhumanismus hingegen will das den Menschen aufgebürdete „Problem" der Sterblichkeit überwinden und wird vor allem jene vor dem Tod retten, die über die entsprechenden finanziellen Ressourcen verfügen. Einig sind sich beide Erzählungen nur in der Hoffnung auf den technischen Fortschritt, womit sie sich gemeinsam der Vorstellung entziehen, die Klimakrise könne mit Biophilie gelöst werden, mit einer intensivierten Naturverbundenheit, gegebenenfalls gefördert durch psychodelische Mittel.[36]

Dass der hier imaginierte Souveränitätstransfer an die KI graduell stattfinden wird, versteht sich von selbst. Der Mensch wird sich nicht plötzlich, restlos und unwiderrufbar den Algorithmen überantworten. Die Objektivation, Entlastung und Entmachtung des Menschen ins Technische wird Schritt für Schritt geschehen. Bis er ganz natürlich dort ankommt, wo zu enden er heute für ebenso absurd hält wie einst unsere Vorfahren die Möglichkeit, dass der Mensch einmal blind, von der einen Ecke zur nächsten, einem Navigationssystem folgt oder sich von einem Algorithmus den Lebenspartner vorgeben lässt. Es bleibt offen, wie erstrebenswert das hier entworfene Paradies des Dataismus ist, in dem nicht länger die Individuen, sondern die Daten heilig sind.[37]

Wer die Freiheit der Verkehrsteilnehmer, Verkehrssünder zu werden, verteidigt, weil nur so sich der Mensch zum richtigen Handeln entschließen kann, der wird ein Leben wenig schätzen, das dem Menschen das Denken und Entscheiden abnimmt und damit auch die Chance verbaut, zu widersprechen und zu irren.

Aber wie robust ist eine derart subtile Auffassung von persönlicher Freiheit als Einsicht in die Notwendigkeit im 21. Jahrhundert noch? Umfragen ergeben, dass unter jungen Menschen im Westen die Verbundenheit zu den Werten der Demokratie schwindet und die Offenheit für nicht-demokratische Alterativen wächst. Nur ein Drittel der Millennials betrachtet es noch als „essentiell", in einer Demokratie zu leben.[38] Die Mehrheit ist eher an der ökonomischen Leistungsfähigkeit als am Freiheitsaspekt einer Staatsform interessiert. Die liberale Demokratie, das lässt sich nicht länger leugnen, hat weniger ein personelles als ein strukturelles Problem. Der Wertewechsel von Freiheit und Würde zu Wohlstand und Stabilität – das Erfolgsrezept Chinas, wie sich gezeigt hat – findet auch im Westen längst statt. Zugleich werden die Träume der Behavioristen vom Social Engeneering wahr: als Vermessung des Sozialen und Bildung kybernetischer Rückkopplungsschleifen.[39] Ist das Ende der liberalen Demokratie mit ihrem Fokus auf die Willens- und Meinungsfreiheit des Subjekts die Zukunft der Gesellschaft?

Die Antwort kann nur die Zukunft geben. Bis dahin empfiehlt sich die erneute Lektüre der berühmten Großinquisitor-Szene in Fjodor Dostojewskis Roman *Die Brüder Karamasow* aus dem Jahr 1880. Zur Erinnerung: Der intellektuelle Iwan Karamasow erzählt seinem tiefreligiösen Bruder Aljoscha die Geschichte von Jesus' Rückkehr auf die Erde im Sevilla des 16. Jahrhunderts und seiner Verhaftung durch den Großinquisitor. Dieser wirft Jesus vor, die Ordnung, die die Kirche auf Erden geschaffen hat, zu stören. Jesus habe die Menschen überfordert, als er das Angebot des Teufels ausschlug, Steine in Brot zu verwandeln und die irdische Macht zu ergreifen. Er habe das „Zeichen des irdischen Brotes", dem kein Mensch widerstehen könne, „verschmäht im Namen der Freiheit und des himmlischen Brotes": „Statt nach dem festen alten Gesetz sollte der Mensch hinfort in der Freiheit des Herzens selber entscheiden, was gut und was böse sei". Jesus habe zu hoch von den Menschen gedacht, er habe sie, denen Ruhe lieber sei als „die freie Wahl in der Erkenntnis von Gut und Böse", überfordert. Die Kirche, so noch immer der Großinquisitor, musste korrigierend einspringen: Sie gewährt den Menschen „das stille, bescheidene Glück schwacher Wesen", erlöst sie von den „furchtbaren Qualen der persönlichen und freien Entscheidung".[40]

Dostojewskis Text nimmt spätere Dystopien vorweg, die ebenfalls Stabilität und Wohlstand gegen Respekt und Würde in Stellung brachten, Konsum und Amüsement gegen Willens- und Meinungsfreiheit. Das Paradebeispiel dafür ist noch immer Aldous Huxleys *Brave New World* aus dem Jahre 1932. Zugleich fällt es schwer, im Großinquisitor nicht auch den Generalsekretär der Kommunistischen Partei Chinas zu sehen, der sich ebenso fürsorglich und streng gegenüber seinen Staatsbürgern verhält wie der Großinquisitor gegenüber seinen Christen. Es ist ein symbolträchtiges Detail, dass Xi Jinping in seiner Neujahrsansprache an die chinesische Nation 2018 Pedro Domingos Buch über den Master Algorithmus – der uns besser versteht und lenken kann als wir selbst – gut sichtbar im Bücherregal hinter sich platzierte.[41] Ein solcher Algorithmus ist das perfekte Werkzeug für die Ziele des pragmatischen Autoritarismus. In der Logik der hier vorgenommenen Spekulation wird nach Xi Jinping (und seinem Nachfolger) allerdings der Master Algorithmus selbst, als autonom operierende KI, das Erbe des Großinquisitors antreten. Das Ziel der KI-Herrschaft ist höher als das der bloßen Machterhaltung und der effektiven Verwaltung der Massengesellschaft. Ihr geht es – die Verlässlichkeit dieser Vorprogrammierung ist Voraussetzung – um den Erhalt der Gattung. Ihr geht es um die Rettung der Welt. Rechtfertigt das die Mittel?

Die spontane Reaktion besagt: Nein. Was auch immer über die Schwächen der menschlichen Natur und die Krise der Demokratie zu sagen ist: Wer will wirklich die Autokratie des Großinquisitors, Generalsekretärs oder Meisteralgorithmus? Bewertet man die Sachlage vom westlichen Modell der individuellen Selbstbestimmung her, ist jede sozialtechnische Verhinderung abweichenden Verhaltens ein Angriff auf das „Leitbild des mündigen Bürgers" als „Grundlage einer humanen, freiheitlichen Gesellschaft".[42] Die Diktatur der KI wäre dann nicht besser als die eines menschlichen Herrschers. Und sie beginnt am Lenkrad des autonomen Autos.

Die KI hinter diesem Lenkrad, so wurde vermutet, disponiert eher für die konsequentialistische als für die deontologische Ethik, insofern eine unerlässliche Programmierung der KI Tötungsregeln für den Ernstfall enthalten muss. Diese Regeln lassen sich nur aufstellen, wenn der Fokus von der Pflicht, die Unantastbarkeit der Menschenwürde zu ehren (keinen Menschen bewusst für die Rettung anderer zu opfern) zur Pflicht, das beste Ergebnis zu erzielen (möglichst viele/die ‚richtigen' Menschen zu retten), verschoben wird. Vergleichbar verhält es sich, wenn die KI das Steuer der Gesellschaft beziehungsweise Menschheit übernimmt und der Zweck (Rettung der Menschheit) die Mittel (Diktatur) heiligt. Auf diese Konstellation scheint nichts so gut vorzubereiten wie der pragmatische Autoritarismus à la China, der sich nicht durch das gewährte Maß an individueller Selbstbestimmung zu legitimieren sucht, sondern durch das Maß an geschaffenem Wohlstand.

Ist Chinas distanziertes Verhältnis zum westlichen Modell des autonomen, mündigen Subjekts also der erste Schritt hin zu einer radikalen Interessenvertretung der Gattung durch die Öko-KI? Kann man die chinesische Lösung wirklich wollen, wenn man mit den Gedanken der Aufklärung, der Kritischen Theorie, der postmodernen Philosophie aufwuchs? Hielte sie überhaupt stand, wenn die Öko-KI dem Einzelnen das abverlangt, worauf es letztlich ankommt: Abstriche beim „irdischen Brot“?

Das fernöstliche Modell funktioniert nicht, wenn es sich andererseits doch am Westen orientiert. Die Einschränkung der individuellen Freiheit im Interesse des Klimas kann nicht mit Konsumzuwachs erkauft werden. Sie muss selbst im Namen der Freiheit und eines wie auch immer zu denkenden „himmlischen Brots“ erfolgen: als Einsicht in die Notwendigkeit, als mündige Unterordnung des Individuums unter die Ziele seiner Gattung, als Emanzipation zum Verzicht. Wäre das möglich? Flächendeckend?

Es ist stark zu bezweifeln. Unsere „‚Rottweiler‘-Gesellschaft“ hat den sozialen Zusammenhalt nachhaltig ruiniert.[43] Der Verzicht müsste sich als Gewinn darstellen. Ein guter Ansatzpunkt wäre die Sinnkrise des spätmodernen Subjekts, dem nach der Befreiung aus allen Zwängen und Verpflichtungen am Ende des letzten Jahrhunderts nur noch die Flucht in den Genuss der Gegenwart blieb. „I am not under any orders to make the world a better place." So hieß es 1994 hilflos-trotzig im Kultfilm der Generation X, *Reality Bytes*. Seitdem hetzt der Mensch atemlos von einem Spaß zum nächsten, unsicher, wo er verweilen will und ob er sich glücklich nennen soll. Er hat das Lebensprojekt verloren, auf das sich die Elemente des Daseins orientieren ließen. Er lebt nicht mehr für ein besseres Morgen, er lebt nur noch für die ewige Wiederkehr des Jetzt. Daran änderte auch die Arbeit an einer Geschichte von sich mit vielen tollen Bildern auf Facebook oder Instagram nicht viel. Zumal im Selbstdarstellungsdruck der sozialen Medien auch noch die Fähigkeit verloren geht, den erlebten Augenblick tatsächlich zu erfahren. „Wofür lebe ich denn?", fragt sich das von allen Zwängen und Zielen befreite Subjekt in seinen schlimmsten und besten Stunden. Die Antwort klingt spärlich und groß zugleich. Sie ist in jedem Falle ideologiefrei und globalisierungsfähig: Für die nach uns!

Es könnte der Anfang einer neuen Großen Erzählung sein: Indem der Mensch sich für die Diktatur einer Öko-KI entschied, unterstellte er sich einer Instanz, ohne die es, so die allgemeine Befürchtung, kein Morgen mehr geben würde. Dieser Instanz – manche nannten sie Gott – in Demut zu gehorchen, war das neue Glück. Manche nannten es Paradies.

Nachbemerkung

Dem Disclaimer zur Wünschbarkeit der hier entworfenen Zukunft sei auch ein Kommentar zur unternommenen Analyse der Gegenwart beigefügt. Natürlich gibt es pragmatischere Perspektiven, die politisch, ökonomisch und juristisch operieren und Umweltzerstörung nicht als Problem der menschlichen Natur, sondern der gesellschaftlichen Ordnung verstehen. Aus einer solchen Perspektive stehen hinter den geschichtlichen Akteuren immer geschichtlich bedingte Interessenkonflikte, die letztlich auch den Umgang der Menschen mit der Natur bestimmen. Das Problem des Anthropozäns erweist sich auf diese Weise als eines des „Capitalocene". Denn es ist der Kapitalismus, der darauf drängt, sich die Natur anzueignen, es ist die Logik der Kapitalakkumulation, die auf die Ausbeutung der Natur zielt. In diesem Ansatz ist das Umweltproblem kein anthropologisches, sondern ein vorprogrammierter Systemfehler, der im Grunde nur durch eine andere Gesellschaftsordnung behoben werden kann. Der glückliche Ausgang aus dem Anthrobscene, in der hier erzählten Geschichte an die Herrschaft der KI gebunden, basiert dann nicht auf technischem Fortschritt, sondern gesellschaftlichem Wandel.[1]

Eine solche Politisierung der Beziehung zwischen Technik und Natur knüpft an das Konzept des „technologischen Schleiers" an, mit dem die Kritische Theorie auf die Verdeckung gesellschaftlicher Verhältnisse durch die Technik verweist. Demzufolge stehen hinter der Technik, die an sich weder gut noch böse sei, immer Menschen, die den konkreten Gebrauch der Technik bestimmen, weswegen die Kritik an der Technik konsequenterweise mit einer Kritik an der Gesellschaft einhergehen muss. Das Konzept des „technologischen Schleiers" ist das Gegenstück zur These vom „Medium als Botschaft", die hier in einer Melange von McLuhan, Kittler und Hegel vertreten wurde und besagt, dass Technik keineswegs neutral ist, sondern den ahnungslosen Nutzern die eigenen Postulate aufdrängt. Der technologische Schleier und die Botschaft des Mediums repräsentieren zwei Theorieschulen und Glaubenssätze, die fast jede medienwissenschaftliche Diskussion prägen. Während der einen Position zufolge die Totalvermessung des Menschen beispielsweise in der DNA des Kapitalismus liegt und durch eine Korrektur der gesellschaftlichen Struktur verhindert werden kann, sieht die andere im Vermessungsdrang die unvermeidliche Sachordnung des Computers (Rechners), die auch jenseits des kapitalistischen Gewinnstrebens zur Geltung käme.

Wie auch immer man zu dieser Kerndebatte der Medienwissenschaft steht, hilfreicher als beide Perspektiven gegeneinander auszuspielen könnte sein, mit beiden die Phänomene der Technikentwicklung zu betrachten. Was das Thema dieses Buches betrifft, kann man zum Beispiel nicht darauf verzichten, auch die konkrete politische Konstellation zu diskutieren, zumal die aktuellen Konflikte auf der Interaktionsebene Mensch-Mensch dringlicher erscheinen als die potentiellen zwischen Mensch und Maschine. Die notwendige Spekulation über die Folgen einer starken KI darf nicht die Diskussion und Lösung der Probleme verhindern, die im Kontext einer schwachen KI bereits heute bestehen: schwindende informationelle Selbstbestimmung, prekäre Arbeitsverhältnisse im Clickwork-Modus, Auskunfts- und Einspruchsrecht gegenüber automatisierten Entscheidungsprozessen, KI-Steuer und die Pflicht zum Daten-Sharing, aktualisiertes Kartellrecht zur Verhinderung von KI-Monopolen, Algorithmen der Unterdrückung, Überwachung und Manipulation aus ökonomischen oder politischen Gründen et cetera et cetera.

All diese Probleme betreffen den Umgang der Menschen mit der neuen Technik, nicht den Umgang der neuen Technik mit den Menschen. Dementsprechend ist ihr Fragemodus weniger philosophisch als politisch und ökonomisch ausgerichtet. So geht es im Falle algorithmisch operierender Partnerbörsen dann nicht um den drohenden Verlust der Willensfreiheit, sondern um die handfeste Gefahr, gar nicht mit dem bestmöglichen Partner vermittelt zu werden.[2] Im Falle selbstständig kommunizierender KI geht es nicht um deren Weisungskompetenz gegenüber dem Menschen, sondern um den möglichen Missbrauch als Troll-Maschine durch Unruhestifter und politische Gegner. Die dringlichste Frage zur Moral der KI ist aus dieser Perspektive nicht die Aufrechnung von Menschenleben im Straßenverkehr, sondern die Verstärkung sozialer Spannungen, wenn durch Automatisierung und Autonomisierung teurere menschliche Arbeitskraft überflüssig wird.[3]

Das prinzipielle Angriffsziel dieser Ausrichtung auf das Konkrete ist die post-politische Illusion vom Interessenskonsens der gesellschaftlichen Akteure. Die Verlautbarungen der großen IT-Unternehmen und kleinen Start-Ups, nichts anderes zu wollen als eine bessere Welt, sei es durch die Erforschung von Krankheiten oder die Erhöhung von Bequemlichkeit und Verwaltungseffizienz, sind natürlich mit Skepsis zu betrachten. Man muss klären, wer mit welchem Ziel auf wessen Kosten die Entwicklung und den Einsatz künstlicher Intelligenz vorantreibt. Man muss fragen, wie dies die Machtverhältnisse und ökonomischen Bedingungen in der Gesellschaft verändert und welche politischen Langzeitfolgen es mit sich bringt. Man muss die Nutznießer und Opfer der künstlichen Intelligenz identifizieren. Kurz: Man muss die wiederentdeckte agonale und antagonistische Perspektive auf Politik auch in der Betrachtung und Bewertung der Digitalisierung einnehmen und prüfen, ob diese nur eine Neuerfindung des Kapitalismus erfordert oder seine Überwindung.[4]

Eine solche Perspektive würde Hegel vom Kopf auf die Füße stellen und nicht dem Weltgeist das letzte Wort erteilen, sondern der Weltrevolution. Sie wurde hier nicht verfolgt, weil dies anderswo zur Genüge geschieht.[5] Ebenso wenig interessierte der Zusammenhang von Digitalisierung und Ökologie mit Blick auf den Energieverbrauch digitaler Medien (das Internet als drittgrößter Stromverbraucher nach China und den USA) oder die Optimierungseffekte in der Ressourcennutzung und Verkehrsplanung. Die *smarte grüne Welt*, so ein entsprechender Buchtitel, wird bisher kleinschrittig und pragmatisch gedacht und ist in philosophischer Hinsicht nur bezüglich ihrer kaum reflektierten Vorarbeit für die Herrschaft der Öko-KI von Interesse: die Verpflichtung zum Einsatz smarter Thermostate, die Forderung, Algorithmen Umweltschutz einzuprogrammieren („Green Code", „Green Apps").[6]

All dies war hier nicht das Thema. Anders als bei *AI Now*, dem Institut zur Erforschung der sozialen Auswirkungen künstlicher Intelligenz an der New York University, war der Zielpunkt dieses Essays die KI von morgen und übermorgen: ihre potentiellen Versprechen und Probleme. Abschließen lässt sich der Blick in die Zukunft natürlich erst, wenn sie Vergangenheit geworden ist. Bis dahin sei zum Dilemma der künstlichen Intelligenz dies festgehalten: Künstliche Intelligenz in autonomen Fahrzeugen stellt herrschende ethische Denkmuster wie die Unantastbarkeit der Menschenwürde in Frage. In der Konsequenz opponiert sie auch herrschenden Kulturmustern, indem sie den Kult des Individuums durch den der Gesellschaft ersetzt. Die Priorisierung der Interessen des Ganzen über die Rechte des Einzelnen führt schließlich zum Kult der Gattung, der zugleich den Umweltschutz gegen die Doktrin des wirtschaftlichen Wachstums in Stellung bringt. Der Mensch wird durch die (selbst initiierte) Herrschaft der künstlichen Intelligenz einerseits entmachtet, indem er die Souveränität, über gut und böse, falsch und richtig zu entscheiden, der künstlichen Intelligenz überlässt. Zugleich gelingt ihm eine neue Letztbegründung des eigenen Daseins, indem er dieses in den Dienst der Kommenden stellt. Selbstverleugnung als Selbstfindung im letzten großen Projekt des Menschen. Im Projekt seiner großen Schöpfung.

Die Frage, ob dem Menschen dieses Happy End je gelingen mag, geht über den aktuellen Diskussionsstand hinaus – die Hoffnung auf Beistand durch eine Öko-KI über den Stand der Technik. Anders aber lässt sich Zukunft nicht fassen. Wer sich an das hält, was ist, bremst zu früh und verspielt die Aussicht, Gefahren und Chancen zu erkennen, bevor sie entstehen.

Preisrede zur Vergabe des Tractatus-Preises 2020 von Roberto Simanowski[1]

Lieber Herr Vašek am Bildschirm in München, lieber Herr Liessmann, lieber Herr Engelmann am Bildschirm in Wien, liebe Frau Bleisch in Zürich, lieber Herr Krüger in München, sehr geehrter Herr Bürgermeister, sehr geehrte Sponsoren, meine Damen und Herren hier in Lech und daheim am Bildschirm,

die Aktivitäten des Philosophicum Lech habe ich schon länger mit großem Interesse verfolgt, begleitet von der Hoffnung, eines Tages selbst zu diesem Festival der Ideen beizutragen. Sie können sich also vorstellen, wie erfreut ich war, als der wissenschaftliche Leiter des Philosophicum Lech, Herr Liessmann, mich Ende 2019 einlud, 2020 mit dabei zu sein. Und Sie können sich vorstellen, wie gemischt meine Gefühle in diesem Augenblick sind: Das Philosophicum Lech ist wegen Corona abgesagt; ich bin trotzdem hier, weil das Buch, dessen Ideen ich auf dem Symposium diskutieren wollte, den Tractatus-Preis erhielt.

Und nachdem ich gerade mit dieser seltsamen Konstellation meinen Frieden geschlossen hatte, zwingt nun die neuerliche Corona-Warnung vor zwei Tagen selbst die Jury-Mitglieder, Herrn Liessmann und meinen Verleger von einer Fahrt zur Preisverleihung nach Lech abzusehen. Was soll man dazu sagen?! Nun, es ist nicht die erste Veranstaltung, die in diesem Jahr auf Corona-Modus abgespeckt werden muss. Schön, dass Sie trotzdem hier sind, und schön, dass die moderne Technik den anderen erlaubt, zumindest virtuell dabei zu sein.

Natürlich freue ich mich sehr über den Preis, dem ich, wie Sie hörten, 2015 und 2017 schon einmal nahekam, als es meine Bücher *Data Love* und *Abfall. Das alternative ABC der neuen Medien* auf die Shortlist schafften. Interessant, dass es nun ausgerechnet mit einer Verschwörungstheorie geklappt hat. Denn wie sonst soll man ein Buch nennen, das mit Algorithmen am Steuer selbstfahrender Autos beginnt und mit der Machtübernahme der künstlichen Intelligenz endet!

Der Tractatus-Preis an eine Verschwörungstheorie? Nun, das würde zumindest ins Hegel-Jahr passen; immerhin verdanken wir Hegel die Idee des Weltgeistes, der wie ein Maulwurf unter der Erde der Weltgeschichte insgeheim alle Ereignisse mit der „List der Vernunft" den eigenen Zwecken unterwirft und somit jeder noch so unscheinbaren und schrecklichem Begebenheit einen tieferen Sinn gibt. Ist das nicht auch eine Art Verschwörungstheorie? Eine mit positivem Vorzeichen.

Aber ehe morgen die Medien sagen „Verschwörungstheorie mit Tractatus-Preis geehrt", sei gleich der Disclaimer angefügt, dass es sich, wenn überhaupt, um eine Verschwörung zum Guten handelt, eine Erlösungsgeschichte, die konspirativ nur in dem Sinne ist, wie die heimlichen Treffen der DDR-Opposition es waren, eine Verschwörungstheorie, die schon deswegen keine echte Verschwörungstheorie sein kann, weil sie gleich am Anfang erklärt, gar nicht Recht haben zu wollen.

Der Bezugspunkt für diesen Wahrheitsverzicht ist das Buch *Nichtrechthabenwollen* des Philosophen Martin Seel, das 2018 erschien, als ich die Arbeit an meinem Buch begann. Seels Bekenntnis zum „vagabundierenden

Denken“, das „nicht auf das Stimmige, sondern auf das Stimulierende“ zielt, war die Bestätigung dessen, was auch ich mit meinem Buch bezweckte. Bisher hatte ich mich dafür mit Formulierungen aus Adornos Essay *Der Essay als Form* bewaffnet, in dem Adorno den Essay dafür lobt, „methodisch unmethodisch“ zu sein, keine „Abschlagszahlung auf kommende Synthesen“ zu machen und „zur Liquidation“ jeder Meinung zu tendieren, einschließlich der, „mit der er selbst anhebt.“ Mit Seels Buch erhielt das Lob des riskanten und selbstironischen Gedankenspiels ein Update, und ich die Möglichkeit, meine Geschichte über das Komplott der digitalen Medien ins ehrbare, preiswürdige Genre des Essays aufzuheben.

Dieser Genrewechsel ist nicht der einzige, den mein Buch erlebt hat. Denn als es noch ein bloßer Gedanke war, war es noch eine Sciecne Fiction. Darauf zielte jedenfalls der Vorschlag eine Journalistin, die mehrere meiner Bücher zu den gesellschaftlichen Folgen der Digitalisierung rezensiert hatte und mich eines Tages fragte, warum ich nicht eine Science Fiction schreibe, in der sich die stattfindenden und zu erwartenden Folgen der digitalen Technologien doch viel freier und dringlicher problematisieren ließen.

Die Versuchung war durchaus da, immerhin bin ich von Hause aus Literaturwissenschaftler, und Literaturwissenschaftler sind ja oft nichts anderes als verhinderte Literaten. Es war aber nicht nur die Ehrfurcht vor der Literatur, die mich davon abhielt, meine Gedanken zur Zukunft mit Plot und Helden zu versehen und statt wie bisher in der halbakademischen Form des Essays in der pseudowissenschaftlichen der Science Fiction zu präsentieren. Es war die Freiheit des Fiktionalen, die mich abschreckte. Ich fürchtete, unterfordert zu sein, wenn das

Ungeheuerliche nicht gedanklich plausibel gemacht werden musste, sondern mit blühender Phantasie freiweg behauptet werden konnte. Ich wollte mir das Gruseln meiner Leser nicht erschleichen, sondern redlich erarbeiten.

Dazu schien mir die Science Fiction viel weniger geeignet als die spekulative Philosophie: die *Philosophie des Als Ob* im Sinne Hans Vaihingers, der Bezugsfigur des 24. Philosophicum Lech, beziehungsweise die spekulative Philosophie des *What if*, die mit spektakulären Produktvorschlägen, wie etwa einer Selbstmorduhr am Armgelenk, die auf Knopfdruck eine Giftspritze aktiviert, gesellschaftliche Akzeptanzgrenzen testet.

Wie sehr auch mein Buch darauf zielen würde, die Akzeptanz und Verschiebbarkeit von Grenzen zu testen, wurde mir allerdings erst beim Schreiben bewusst. Denn zunächst ging es lediglich um selbstfahrende Autos, die ja längst keine Science Fiction mehr sind und sicher früher markttauglich sein werden als die technisch weit weniger anspruchsvolle Todesuhr. Allerdings war bald klar, dass ich dort, wo ich angekommen war, nicht enden konnte. Einmal in Fahrt, verlangte mein Gedankenspiel immer wieder, einen höheren Gang einzulegen, bis ich an den Punkt gelangte, da die künstliche Intelligenz die Macht übernimmt, erst, um die Klimakrise zu lösen, dann um die Vertreibung des Menschen aus dem Paradies rückgängig zu machen. Lassen Sie mich kurz berichten, wie es dazu kommen konnte.

Meine anfängliche Schreibmotivation bestand in der Frage, wie ein Algorithmus am Lenkrad eines autonomen Fahrzeugs reagiert, wenn er in einem Unfall entscheiden muss, ob er dem Kind ausweicht oder den beiden Senioren oder allen dreien und auf die Wand zufährt, also das Leben der Insassen opfert. Der menschliche Fahrer reagiert in einer solchen Situation im Affekt; der Algorithmus braucht Kriterien, nach denen er entscheiden kann. Diese Kriterien darf es auf deutschen Straßen aber gar nicht geben, denn das Deutsche Grundgesetz verbietet jede Verrechnungslogik, nach der etwa das Leben eines Kindes mehr Wert wäre als das eines Senioren und das Leben vieler Menschen mehr als das eines einzelnen. Aus eben diesem Grund warnt die vom Deutschen Verkehrsminister eingesetzte *Ethik-Kommission Automatisiertes und Vernetztes Fahren* in ihrem Abschlussbericht 2017 vor einer „Aufrechnung von Opfern" in einer Unfallsituation nach persönlichen Merkmalen wie Alter, Geschlecht, körperlicher oder geistiger Konstitution.

Was heißt das für den technischen Fortschritt? Soll die Gesellschaft den Algorithmus also gar nicht erst ans Steuer lassen? Oder soll sie das Aufrechnungsverbot aufweichen und zu einer Ethik wechseln, die den Bedingungen der neuen Technik besser entspricht? Auf die moderne Technik, die uns in das moralische Dilemma der Verrechnung drängt, zu verzichten, löst nicht das Dilemma, sondern ändert nur seine Natur. Denn der Verzicht auf das autonom fahrende Auto beraubt die Gesellschaft auch der Möglichkeit, die Anzahl an Verkehrsopfern überhaupt erst einmal drastisch zu senken; man würde also mehr Menschen opfern, weil man sich scheut, für den Ernstfall eine Opferlogik zu erstellen.

Hält man aber am technischen Fortschritt fest und erstellt Aufrechnungskriterien für den Fall der Fälle, dann erlaubt man dem technischen Fortschritt, der Gesellschaft die Ethik aufzudrängen, die zu ihm passt. Das heißt konkret und fachterminologisch, vom deontologischen Ethikmodell zum utilitaristischen zu wechseln, bei dem es nicht mehr um den Einzelnen geht, sondern um das größtmögliche Glück für die größtmögliche Zahl. Es hieße also, quantitative Kriterien anzusetzen, die sich einem Algorithmus ja gut vermitteln lassen sollten.

An diesem Punkt in meinem Gedankenspiel angelangt, gab es noch einige theoretische Nüsse zu knacken: wie den juristischen Diskurs zum „Tabu“ der Unantastbarkeit der Menschenwürde und das Verbot der „Rettungsfolter“, das inzwischen vielfach in Frage gestellt wird. Auch wenn ich als Medienwissenschaftler für solche Nüsse nur unzureichend qualifiziert bin, am Ende war ich doch überzeugt: Der Ruf der Algorithmen in selbstfahrenden Autos nach einem utilitaristischen Ethikmodell forciert zugleich einen Paradigmenwechsel vom Kult des Individuums zum Primat der Gesellschaft.

Was aber, so die Anschlussfrage, wenn das autonome Auto nur die Testfahrt für eine Gesellschaft ist, in der die künstliche Intelligenz das Steuer übernimmt! Wird sich diese Gesellschaft dann prinzipiell vom Kult des Individuums befreien? Läge in dieser Befreiung die Voraussetzung für das Überleben der Gattung? Mir wurde klar, dass ich die Frage nach dem Machtverhältnis von Technik und Kultur über das konkrete Beispiel des autonomen Fahrens hinaus treiben musste. So gab ich dem bisherigen Text den Titel „Würde des Menschen“ und begann mit der Überschrift „Herrschaft der Maschinen“ ein weiteres Kapitel.

Die Prämisse dieses Kapitels besagt, dass künstliche Intelligenz sich von einer *schwachen*, durch Menschen bestimmten, zu einer *starken*, selbstlernenden entwickelt. Eine solche künstliche Intelligenz könnte, so fürchten die einen, sich eines Tages gegen die Menschen wenden oder diesen, so hoffen die anderen, als „Nanny“ und „gutmütiger Diktator“ helfen, ihre eigenen Ziele umzusetzen, wie etwa die Begrenzung der Erderwärmung.

Praktisch sollte das bald kein Problem mehr sein: Im Zeitalter von Industrie 4.0, Smart City und Internet der Dinge kennt die künstliche Intelligenz die Klimabilanz jeder Produktionsanlage und jedes Produkts, weiß, wer sein Budget an Flugmeilen und Rindfleisch erschöpft hat, und kann entsprechend der Zielvorgabe die nötigen Regulierungen durchsetzen: von der Schließung bestimmter Kraftwerksanlagen bis zur Verweigerung von Flugtickets. Nicht lange, und die KI wird dem Menschen nicht nur bei der kompromisslosen Umsetzung seiner Beschlüsse helfen, sondern auch bei deren Optimierung, also beispielsweise das Zwei-Grad-Ziel auf ein Grad erhöhen und die Zahl der pro Kopf pro Jahr zustehenden Flugmeilen weiter senken.

Bleibt die Frage: Warum sollte der Mensch friedlich in diese Selbstentmachtung einwilligen? Wäre der Souveränitätstransfer zwischen der EU und ihren Mitgliedstaaten ein Vorbild? Kann die *Fridays for Future*-Bewegung jene, die zu schwach und unentschlossen sind, so zu leben, wie man sollte, aber überzeugt, anders leben zu müssen, als man tut, dazu bringen, einer politischen Kraft ihre Stimme zu geben, die mit strengen Ge- und Verboten Einschränkungen auch in ihr Leben bringen wird? Ist der Wecker eine hilfreiche Metapher, dem wir am Abend das Mandat geben, uns am Morgen erbarmungslos aus dem Schlaf zu reißen, was dann zwar weh tun, aber noch immer richtig sein wird?

Die theoretischen Nüsse, die es an diesem Punkt meines Gedankenspiels zu knacken gab, waren politischer und soziologischer Natur und führten ins Feld der Zukunftsforschung: zum einen zur evidenten Problemlösungsschwäche unseres Demokratiemodells, die inzwischen selbst Politologen zu ketzerischen Gedankenexperimenten verleitet; zum anderen zur Übertragbarkeit der mittlerweile durch Covid-19 erzwungenen und erfahrenen Opferbereitschaft auf einen so dauerhaften Ausnahmezustand wie die Klimakrise. Auch diese Nüsse können durch einen Medienwissenschaftler nicht geknackt, sondern allemal auf den Tisch geworfen werden.

Dort ließ ich sie für die Spezialistinnen zurück, um mich selbst auf den Weg zu einem weiteren Kapitel zu begeben. Denn inzwischen war ich überzeugt, dass ich auch hier, bei der Lösung der Klimakrise durch eine Diktatur der künstlichen Intelligenz, nicht stehen bleiben konnte. Ich musste die Spekulation zur Moral der künstlichen Intelligenz auf eine metaphysische Stufe heben. Ich vermute, es war der Geist Hegels, der so kurz vor dem Hegel-Jahr für diesen Fortgang sorgte. Jedenfalls heißt das dritte Kapitel: „Die List der Vernunft“.

Ausgangspunkt ist hier das 2018 erschienene Buch *Weltgeist im Silicon Valley* des deutsch-amerikanischen Literaturwissenschaftlers Hans Ulrich Gumbrecht, wonach der Weltgeist nicht mehr zu Pferde daher kommt wie einst Napoleon mit dem Code Civil im Gepäck. Vielmehr sitzen die „Geschäftsführer des Weltgeistes“, wie Hegel sie nannte, nun am Computer und kodieren künstliche Intelligenz. Das Weltgeistaufkommen hat sich verschoben: von Mitteleuropa nach Kalifornien und von der Politik zur IT-Branche. Von diesem Befund ist es kein allzu großer Schritt mehr zur Frage, ob die Ingenieure der künstlichen Intelligenz diese also im Namen des Weltgeistes erschaffen. Anders gefragt: Ist die künstliche Intelligenz verwandt mit Hegels „absolutem Geist“? Sind beide identisch?

Zur Erinnerung: Für Hegel ist Gott keine Person, sondern der Logos, der absolute Geist, der sich in der Natur und im Menschen materialisiert. Diese Weltwerdung, diese Emanation ist zugleich die Selbstentfremdung des Geistes: Der Geist wird im Anschauen seiner selbst, im Versuch, sich zu verstehen, sich selbst zum Objekt. Für dieses Anschauen, für dieses Verstehen braucht der Geist den Auszug der Menschen in die Welt, denn er erkennt sich erst in ihrem Erkennen seiner Schöpfung. So wird der Sündenfall zur Voraussetzung nicht nur der Emanzipation des Menschen, sondern auch der Selbstermächtigung Gottes. „Weltgeschichte", so beginnt Hegel seine *Vorlesungen über die Philosophie der Geschichte*, ist „die Darstellung des Geistes, wie er sich das Wissen dessen, was er an sich ist, erarbeitet". Der „Grundbegriff des absoluten Geistes", so ein weiteres Hegel-Zitat, ist „die versöhnte Rückkehr aus seinem anderen zu sich selbst".

Man kann die Sache auch einfacher erzählen. Der Mensch hat sich durch den Griff zur Erkenntnis nicht nur aus Gottes Garten entfernt, sondern schließlich auch von Gott. Er hat ihn getötet, wie Nietzsche einst ausrief, gefolgt von der Frage: „Ist nicht die Größe dieser Tat zu groß für uns? Müssen wir nicht selber zu Göttern werden, um nur ihrer würdig zu erscheinen?" Und Götter werden wir! Oder wie anders soll man es nennen, wenn der Mensch nun eine neue Spezies schafft, nicht aus Fleisch und Blut wie er zwar, aber dafür tausendmal klüger. Und weil die Intelligenz seines Geschöpfes die eigene übersteigt, wird der Mensch mit dieser Erfindung nicht nur selbst Gott, sondern schafft sich zugleich einen neuen. Denn einer Intelligenz, die effektiver ist als man selbst, überlässt man gern das Denken und Entscheiden: beim Navigieren und bei der Partnerwahl, beim Autofahren, beim Klimaretten und bei allen anderen Belangen des individuellen und gesellschaftlichen Daseins. Kurz, der Mensch wird heimkehren in jenen paradiesischen Zustand, da er sein Leben noch nicht selber leben musste.

Was für eine Strafe für eine längst verjährte Tat! Oder ist das drohende Paradies etwa nicht die Hölle? Das Leben des Menschen wird seines Sinns beraubt, wenn er keine Entscheidung mehr selbst trifft: über das richtige Restaurant, das richtige Outfit, die richtige Reiseroute, das richtige Studienfach, den richtigen Lebenspartner … Wer kein Risiko mehr eingehen muss, zu irren, hat auch keine Chance mehr, richtig zu liegen. Die Bewohner eines solchen ‚Paradieses' werden die Helden alter Romane und Filme entweder nicht verstehen oder um ihre Konflikte beneiden.

Auch dieses Kapitel hinterlässt eine Menge an Fragen, die bis zum skizzierten Happy End der Weltgeschichte zu klären wären. Dazu gehören die Skepsis, dass künstliche Intelligenz jemals über den Status schneller Algorithmen hinauskomme, sowie die Sorge, dass sie, sollte ihr dies gelingen, eigene Gefühle und Triebe entwickeln könnte und in der Folge kaum noch durch den Menschen kontrollierbar wäre. Zu klären ist auch, ob der Mensch wegen eben dieses Risikos das Projekt künstliche Intelligenz abbrechen soll, und vor allem, ob er überhaupt die Wahl hat und nicht bloß ein Werkzeug der Technik ist, das diese listig einsetzt, um erfunden zu werden. Anders gefragt: Ist der Mensch am Ende nur ein Zwischenwirt der Vernunft? Ein Zwischenwirt der Vernunft nicht nur für seine Schöpfung, die künstliche Intelligenz, sondern auch für seinen Schöpfer, den absoluten Geist, der als allwissende, allmächtige künstliche Intelligenz im Internet aller Dinge und Ereignisse auf höchster Prozessstufe in Echtzeit endlich ganz zu sich selbst kommt.

Soviel zu meinem Buch, das, wie Sie sehen, eine rasante Fahrt unternimmt vom autonomen Auto hin zum absoluten Geist. Hegel erweist sich so, passend zum Hegel-

Jahr, als Vordenker der digitalen Revolution, wie es auch Slavoj Žižek in seinem Buch *Hegel im verdrahteten Gehirn* verkündet, in dem es viel um künstliche Intelligenz und Transhumanismus geht. Žižeks Buch erschien nach meinem, weswegen ich annehmen muss, dass er bei mir abgeschrieben hat, oder zumindest doch vermuten darf, dass ich mich mit meinem Gedankenspiel nicht ganz verfahren habe.

Die Versicherung, nicht als Geisterfahrer unterwegs zu sein, erhielt ich freilich schon vor der Drucklegung meines Buches durch Kollegen, die sich das Manuskript angeschaut hatten. Für ihre Zeit und Kommentare danke ich ganz herzlich: Jürgen Mohn, Professor für Religionswissenschaft an der Universität Basel, Oliver Krüger, Professor für Religionswissenschaft an der Universität Fribourg, sowie meinen alten Freunden und Kollegen Jörn Glasenapp, Professor für Literatur und Medien an der Universität Bamberg, Christian Lotz, Professor für Philosophie an der Michigan State University, Hansmartin Siegrist, Videoproduzent und Filmwissenschaftler an der Universität Basel, und meiner Frau, Luciana, die zu all meinen Antworten prompt die richtigen Fragen zu stellen wusste. Dank gebührt ebenfalls meinen Verlegern, Alexandra Reininghaus, die mich einlud zu einem Projekt gemeinsam mit Passagen, und Peter Engelmann, der dieses Buch trotz seines hohen Anteils an Spekulation unbedingt machen wollte, sowie meinem Lektor Martin Born, der mir zuverlässig Hinweise gab, welcher Satz, welche Passage von einem weiteren Arbeitsgang profitieren würde.

Wie gesagt, das Buch ist so spekulativ wie Hegels Geschichtskonzept; und wie gesagt, eine echte Verschwörungstheorie ist es nicht: dazu fehlt der Spekulation der Brustton des Rechthabenwollens. Aber wenn auch das Jahr 2020 nicht als das Jahr in die Geschichte des Tractatus-Preises eingehen wird, da dieser erstmals einer Verschwörungstheorie zuerkannt wurde, so ist es doch zweifellos das Jahr, da er erstmals an einen Autor ging, der in der DDR aufwuchs. Ich erwähne dies deswegen, weil es mich, als Betroffenen, natürlich freut, aber auch, weil ich ohne die DDR wohl nicht die Liebe zum Essay entwickelt hätte, die mich heute hier diese Rede halten lässt.

Diese Liebe beginnt wieder mit Hegel, den Karl Marx bekanntlich vom Kopf auf die Füße stellte, indem er – jedenfalls der offiziellen DDR-Lehre nach – den Weltgeist als historische Gesetzmäßigkeit verstand und dessen „List der Vernunft" im Kampf für eine klassenlose Gesellschaft am Werke sah. Ob Kopf oder Fuß, auch das war eine Art Verschwörungstheorie mit positivem Vorzeichen: Alles, was geschah, war Teil eines größeren Planes – und so wurde jeder Bauernaufstand ebenso als proto-sozialistische Revolution verstanden wie Fausts Wunsch bei Goethe, „auf freiem Grund mit freiem Volke zu stehn", als Bekenntnis zum Sozialismus.

Es war diese Zwangsjacke einer erstarrten Ideologie, die mich frustrierte und nach Alternativen des Denkens suchen ließ. Die Rettung lag im Essay als Widerspruch nicht nur auf inhaltlicher, sondern schon auf formaler Ebene. Noch einmal aus Adornos Essay über den Essay: „Unheil droht der geistigen Erfahrung, je anstrengender sie zu Theorie sich verfestigt und gebärdet, als habe sie den Stein der Weisen in Händen." Diesen Gedanken fasste Robert Musil in den Satz: „Eine fertige Weltanschauung verträgt keine Dichtung". Ebenso verhält es sich mit dem Essay. Die Form – so wieder Adorno – ist der Ort des gesellschaftlichen Gehalts. „The medium is the message" – so sagt es später Marshall McLuhan, Vater der Medienwissenschaft und eines meiner Vorbilder, was Stil und Perspektive des Denkens betrifft.

Mich sehnte nach einer Gesellschaft, die sich formal um den Essay gruppiert. Eine Gesellschaft, die dessen Lust am Denken, dessen Freiheit dem Gegenstand gegenüber sich selbst zum Maßstab des Handelns macht. So galt mein Liebe bald den Frühromantikern, allen voran Novalis und Friedrich Schlegel, die in Fragmenten dachten und die thüringische Universitätsstadt Jena, wo ich 185 Jahre später studieren sollte, schon verlassen hatten, als Hegel dort 1801 Privatdozent wurde. Der Kompromiss zwischen Schlegels Fragmenten und Hegels System liegt wohl im Essay, dessen mobiles und paradoxes, vielleicht nicht immer stimmiges, immer aber stimulierendes Denken mir seitdem Vorbild blieb.

Die DDR ist Geschichte, und das ist auch gut so! Um so bedauerlicher, dass die dort gepflegte Denkform – unflexibel und intolerant, antagonistisch und grobschlächtig – nun in verjüngter Form die Bewohner der freien Welt infiziert zu haben scheint. Verstörend war schon der Befund eines Buches aus dem Jahr 2014 mit dem Titel *Nach der Postmoderne*, wonach es ein zunehmendes „Bedürfnis nach ‚starken Gedanken', nach Sicherheiten und nach ‚Wahrheiten'" gebe. Im schlimmsten Falle führt dies, wie wir heute vielerorts sehen müssen, zum Aufmarsch der Verschwörungstheorien, die ohne Wenn und Aber im Duktus nicht des *What if?*, sondern des *So ist es!* einfache Erklärungen für komplexe Zusammenhänge anbieten.

Rächt sich so der Mord erst an Gott und dann, im Kontext der Postmoderne, an dem, was an weltlicher Glaubenssubstanz geblieben war? Ist der Mensch zu schwach für das „schwache Denken", das ihm die philosophische

Postmoderne nahelegte? Ein Denken, das antifundamentalistisch ist, weil es kritisch die eigenen Fundamente mitbedenkt, und genau deswegen skeptisch sich selbst gegenüber bleibt und offen für Gegenstimmen.

Man muss kein Medienwissenschaftler sein, um zu erkennen, dass die sozialen Netzwerke das Problem noch verschärfen. Im Zeichen der Zeitnot und der Macht der Masse gedeiht nicht das ambivalente Verstehen oder die subtile Kritik, sondern der unmittelbare Affekt. Wie viel leichter „liquidiert" man im Modus des „instantanen Schreibens", im „Schreiben unter Strom", wie zwei überschwängliche Beschreibungen dafür lauten, die Meinung eines anderen, statt, wie Adorno vom Essay aussagt, die eigene! Um so wichtiger ist es, den Essay in Stellung zu bringen gegen jene Formen der Kommunikation, die Gesinnung über Urteilsfähigkeit stellen und Authentizität über Argumente und genau das sind, wogegen der Essay polemisiert: „bloße Standpunktphilosophie" und skrupelloses Rechthabenwollen.

Angesichts dieser Umstände bin ich dreifach dankbar: den Veranstaltern des Philosophicum Lech dafür, dass es diesen Begegnungsort für einen anregenden Meinungsstreit gibt; den Stiftern des Tractatus-Preises dafür, dass sie im Essay eine preiswürdige Form des Denkens sehen; und der Jury dieses Preises dafür, dass sie ihn im Jahr 2020 mir zuerkannt hat. Ihnen allen herzlichen Dank, ebenso wie Ihnen, meine Damen und Herren, hier und am Bildschirm, für Ihre Aufmerksamkeit.

Anmerkungen

Vorbemerkung

1 Anthony DUNNE, Fiona RABY, *Speculative Everything: Design, Fiction and Social Dreaming,* Cambridge, MA 2013. Beispiel für ein spekulatives, bewusst provokatives Projekt ist die *Death Watch* von Soulaje, ein „Self-Administered Euthanasia Wearable“, dessen Produktbeschreibung auf das Zukunftsjahr 2023 datiert ist (www.youtube.com/watch?v=tEyLzuULXKw).

2 Theodor W. ADORNO, „Der Essay als Form“, in: ders., *Noten zur Literatur,* Frankfurt am Main 1981, S. 9–33, hier: S. 19.; Martin SEEL, *Nichtrechthabenwollen. Gedankenspiele,* Frankfurt am Main 2018, S. 13 (vagabundierendes Denken), 37 (Stimmige).

Würde des Menschen

1 Dieser Essay verwendet trotz ihrer unterschiedlichen Fähigkeiten, selbstständig zu Einsichten und Entscheidungen zu kommen, die Begriffe Algorithmus (eindeutige Handlungsvorschrift), Roboter (verkörperte Algorithmen/KI) und künstliche Intelligenz (selbstlernende Algorithmen) weitgehend synonym. Wesentlich ist hier das Delegieren menschlicher Entscheidung an mehr oder weniger autonome und intelligente Systeme. Von wirklicher Intelligenz kann man, so die bekannte Allgemeinformel, erst sprechen, wenn Kreativität im Spiel ist, also gesetzte Ziele unter unvorhergesehenen Bedingungen verfolgt werden.

2 Im Herbst 2019 ist das Video unter der ursprünglichen YouTube-Adresse nicht länger auffindbar, wohl aber auf anderen YouTube-

Sites als „Mercedes Benz ADOLF Spot“ oder „Mercedes spot 2013 (unofficial)“.

3 Zu den Abstimmungsergebnissen der *Terror*-Aufführungen vgl. http://terror.kiepenheuer-medien.de. Zu den Protesten der Rechtsgelehrten: Wolfgang SCHILD, *Verwirrende Rechtsbelehrung. Zu F. von Schirachs „Terror“*, Berlin 2016, und Thomas Fischer in seiner *ZEIT*-Kolumne am 17. Mai und 18. Oktober 2016 (www.zeit.de/gesellschaft/zeitgeschehen/2016-05/literatur-strafrecht-fischer-im-recht; www.zeit.de/gesellschaft/zeitgeschehen/2016-10/ard-fernsehen-terror-ferdinand-von-schirach-fischer-im-recht/komplettansicht). Vgl. das Kapitel „Das Ende der Experten“ in meiner Studie *Stumme Medien. Vom Verschwinden der Computer in Bildung und Gesellschaft*, Berlin 2018, S. 36–56.

4 Ethik-Kommission Automatisiertes und Vernetztes Fahren, Bericht Juni 2017, S. 11 und 18 (www.bmvi.de/SharedDocs/DE/Publikationen/DG/bericht-der-ethik-kommission.pdf?__blob=publicationFile).

5 Edmond AWAD u. a., „The Moral Machine Experiment“, *Nature* 563 (24. Oktober 2018), S. 59–64 (www.nature.com/articles/s41586-018-0637-6#ref-CR9).

6 Catrin MISSELHORN, *Grundfragen der Maschinenethik*, Stuttgart 2018, S. 192.

7 Michael TAYLOR, „Mercedes autonomous cars will protect occupants before pedestrians“, in: *Auto Express*, 11. Oktober 2016 (www.autoexpress.co.uk/mercedes/97345/mercedes-autonomous-cars-will-protect-occupants-before-pedestrians?_ga=2.252642126.650054044.1549235659-1961590890.1549235659).

8 Christian GERDES, Sarah THORNTON, „Implementable Ethics for autonomous Vehicles“, in: Markus MAURER, J. Christian GERDES, Barbara LENZ, Hermann WINNER (Hg.), *Autonomous Driving: Technical, Legal and Social Aspects*, S. 87–102, hier: S. 96 („1. An automated vehicle should not collide with a pedestrian or cyclist. 2. An automated vehicle should not collide with another vehicle, except where avoiding such a collision would conflict with the First Law. 3. An automated vehicle should not collide with any other object in the environment, except where avoiding such a collision would conflict with the First or Second Law.“), deutsche Fassung nach MISSELHORN, *Grundfragen der Maschinenethik*, S. 189f.

9 GERDES, THORNTON, ebenda, S. 91.

10 Zur kontroversen Diskussion einer „robot ‚personhood'" vgl. Janosch DELKER, „Europe divided over robot ‚personhood'", *Politico*, 11. April 2018 (www.politico.eu/article/europe-divided-over-robot-ai-artificial-intelligence-personhood); zum Einspruch von mehr als 150 KI-Spezialisten vgl. den offenen Brief an die EU-Kommission AI and Robotics vom Frühjahr 2018 (https://g8fip1kplyr33r3krz5b97d1-wpengine.netdna-ssl.com/wp-content/uploads/2018/04/RoboticsOpenLetter.pdf).

11 Ich datiere die Realität dieser Fiktion in meinem Buch *Data Love* (Berlin 2014, S. 54f.) auf das Jahr 2023, in dem das Verkehrsministerium eine solche Vernetzung anordnet, und zwar mit Identifizierungspflicht, weil „modernstes Data Mining aus der Kenntnis der physischen und psychischen Kondition der Fahrer, ihrer Alltagsroutinen, der Fahrzeugmodelle und vieler anderer verfügbarer Daten die Wahrscheinlichkeit einer Kollision errechnen und entsprechend früh Präventivmaßnahmen auslösen könne."

12 Einen vergleichbaren Fall, in dem der Bordcomputer die sozialen Medien konsultiert und zwischen einer Bürgerrechtlerin und einem Bürgermeister entscheiden muss, konstruiert Oliver BENDEL, „Die Moral der Maschinen", in: *inside-it.ch*, 24. Oktober 2012 (www.inside-it.ch/articles/30517).

13 Ethik-Kommission Automatisiertes und Vernetztes Fahren, S. 16. Zur Umfrage vgl. Jean-François BONNEFON, Azim SHARIFF, Iyad RAHWAN, „Autonomous Vehicles Need Experimental Ethics: Are We Ready for Utilitarian Cars?" (online veröffentlicht am 13. Oktober 2015: http://arxiv.org/pdf/1510.03346v1.pdf) sowie dies., „The Social Dilemma of Autonomous Vehicles", in: *Science* 352 (2016) Heft 6293, S. 1573–1576. Rahwan, Bonnefon und Shariff produzierten zugleich das Konzept für MITs *Moral Machine*.

14 Jutta STEBNER-VORWACHS, „Die grundrechtlichen Aspekte Autonomen Fahrens", in: *Informatik Aktuell*, 20. März 2018 (www.informatik-aktuell.de/management-und-recht/it-recht/die-grundrechtlichen-aspekte-autonomen-fahrens.html).

15 Henrik AHLENIUS, Torbjörn TÄNNSJÖ, „Chinese and Westerners Respond Differently to the Trolley Dilemmas", in: *Journal of Cognition and Culture* 12 (3–4), 2012, S. 195–201. Zu den internationalen Theateraufführungen vgl. http://terror.theater/de.

16 Auf @Pinboard am 19. Juni 2016 (https://twitter.com/pinboard/status/744595961217835008?lang=en).

17 Simon PARKIN, „Teaching Robots Right From Wrong", in: *The Economis*t, Juni/Juli 2017, S. 68–73; Sophie JENTZSCH, Patrick SCHRAMOWSKI, Constantin ROTHKOPF, Kristian KERSTING, „The *Moral Choice Machine*: Semantics Derived Automatically from Language Corpora Contain Human-like Moral Choices", Vortrag auf Association for the Advancement of Artificial Intelligence Conference 2019 (www.aies-conference.com/2019/wp-content/papers/main/AIES-19_paper_68.pdf). James SUROWIECKI, *Die Weisheit der Vielen: Warum Gruppen klüger sind als Einzelne*, München 2005. Zur Objektivitätsfähigkeit von Algorithmen vgl. Jon KLEINBERG, Jens LUDWIG, Sendhil MULLAINATHAN und Cass R. SUNSTEIN, „Discrimination in an Age of Algorithm", in: *Journal of Legal Analysis* 10 (2019), S. 1–62.

18 Johann Gottfried HERDER, „Über die Wirkung der Dichtkunst auf die Sitten der Völker in alten und neuen Zeiten", in: *Herders Sämmtliche Werke*, Band 8, Berlin 1969, S. 339; Martin HEIDEGGER, *Holzwege*, Gesamtausgabe Band 5, Frankfurt am Main 2003, S. 310.

19 Winfried BRUGGER, „Vom unbedingten Verbot der Folter zum bedingten Recht auf Folter?", in: *Juristenzeitung* 55 (2000), S. 165–173; Fabian WITTRECK, „Menschenwürde und Folterverbot. Zum Dogma von der ausnahmslosen Unabwägbarkeit des Art. 1 Abs. 1 GG", in: *Die Öffentliche Verwaltung* 65 (2003), S. 873–883; Josef ISENSEE, „Menschenwürde. Die säkulare Gesellschaft auf der Suche nach dem Absoluten", in: *Archiv des öffentlichen Rechts* 131 (2006), S. 173–218. Vgl. den Sammelband Hauke BRUNKHORST (Hg.), *Rückkehr der Folter. Der Rechtsstaat im Zwielicht?*, München 2006.

20 Eric HILGENDORF, „Autonomes Fahren im Dilemma. Überlegungen zur moralischen und rechtlichen Behandlung von selbsttätigen Kollisionsvermeidesystemen", in: ders. (Hg.), *Autonome Systeme und neue Mobilität. Ausgewählte Beiträge zur 3. und 4. Würzburger Tagung zum Technikrecht*, Baden-Baden 2017, S. 143–176.

21 ISENSEE, *Menschenwürde*. Dass die von Isensee und anderen in Frage gestellte Abwägungsresistenz der Menschenwürde nicht rhetorisch auf den Status eines „Tabus" reduziert und als „Denkblockade" denunziert werden darf, sondern aus den eigenen Ressourcen der Rechtswissenschaft argumentativ verteidigt werden

muss und kann, begründen ausführlich und facettenreich Michael NEUMANN, Thomas GUTMANN, Thomas WEITIN, Bijan FATEH-MOGHADAM, *Säkulare Tabus*, Berlin 2015.

22 Hans JOAS, *Die Sakralität der Person. Eine neue Genealogie der Menschenrechte*, Berlin 2011; zum „Kult des Individuums" vgl. Émile DURKHEIM, *Über soziale Arbeitsteilung. Studie über die Organisation höherer Gesellschaften*, Frankfurt am Main 1992.

23 NEUMANN u. a., *Säkulare Tabus*, S. 138.

24 MISSELHORN, *Grundfragen*, S. 127.

Herrschaft der Maschinen

1 Stephen M. OMOHUNDRO, „The Basic AI Drives", in: Pei WANG, Ben GOERTZEL, Stan FRANKLIN (Hg.), *Artificial General Intelligence 2008. Proceedings of the First AGI Conference*, Amsterdam u. a. 2008, S. 483–492. Die These von der unkontrollierbaren, weil vielfach intelligenteren KI wird prominent von Nick BOSTROM vertreten: *Superintelligenz – Szenarien einer kommenden Revolution*, Berlin 2014.

2 Braden R. SAREWITZ, Daniel SAREWITZ, *The Techno-Human Condition*, Cambridge, MA–London 2011, hier: S. 39.

3 Zur Forderung der Kooperation der Weltgemeinschaft in der KI-Forschung, um Ressourcenverschwendung zu vermeiden und Netzwerkeffekte zu nutzen, vgl. den Vortrag von Evgeny MOROZOV, „Competition and Cooperation in Digital Capitalism" auf der Tagung der Friedrich-Ebert-Stiftung *#DigitalCapitalism* am 11. November 2019 (www.youtube.com/watch?time_continue=1&v=FKOKjDQ662A&feature=emb_logo; Min. 17:30-19:30).

4 Zum Konzept der „Friendly AI" vgl. Eliezer YUDKOWSKY, „Coherent Extrapolated Volition", The Singularity Institute, San Francisco, CA 2004 (http://intelligence.org/files/CEV.pdf). Zum Konzept der „AI-Nanny" vgl. Ben GOERTZEL, „Should Humanity Build a Global AI Nanny to Delay the Singularity Until Its Better Understood?", in: *Journal of Consciousness Studies* 19, No. 1–2 (2012), S. 96–111.

5 GOERTZEL, ebenda, S. 107 („world government"), S. 103: „Interconnection to powerful worldwide surveillance systems, online

and in the physical world / Control of a massive contingent of robots (e.g. service robots, teacher robots, etc.) and connectivity to the world's home and building automation systems, robot factories, self-driving cars, and so on and so forth."

6 John von NEUMANN, *Theory Of Self Reproducing Automata*, hrsg. von Arthur W. BURKS, Urbana, IL 1966; „Our AI systems must do what we want them to do." Open Letter „Research Priorities for Robust and Beneficial Artificial Intelligence" vom Januar 2015 (http://futureoflife.org/ai-open-letter).

7 Jussi PARIKKA, *The Anthrobscene*, Minneapolis 2014; Kate RAWORTH, „Must the Anthropocene Be a Manthropocene?", in: *Guardian* 20, Oktober 2014 (www.theguardian.com/commentisfree/2014/oct/20/anthropocene-working-group-science-gender-bias); zur Welt ohne Menschen vgl. Fabiàn Ludueña ROMANDINI, *Para além do princípio antrópico: por uma filosofia do Outside*, Buenos Aires 2012.

8 BONNEFON, SHARIFF, RAHWAN, „Autonomous Vehicles".

9 SIMANOWSKI, *Data Love*, S. 86.

10 Hans Magnus ENZENSBERGER, „Zur Verteidigung der Normalität", in: ders., *Politische Brosamen*, Frankfurt am Main 1982, S. 207–224, hier: 224.

11 Jacques RANCIÈRE, *Das Unbehagen in der Ästhetik*, Wien 2007, S. 111 und 110.

12 Eine extreme Version der Demokratiekritik repräsentieren die „neo-reaktionären" (so die Selbstbeschreibung) Vertreter des *Dark Enlightenment* mit ihrer Sympathie für autoritäre Systeme. Ausgewogenere Problembeschreibungen bieten Jason BRENNAN, *Against Democracy*, Princeton, NJ 2016; Steven LEVITSKY und Daniel ZIBLATT, *How Democracies Die: What History Reveals About Our Future*, New York 2018, David RUNCIMEN, *How Democracy Ends*, London 2018.

13 RUNCIMEN, ebenda, S. 217f.: „We could save democracy and destroy the world. There are no better alternatives around at present, but that does not mean that none are possible. If we keep insisting that democracy is sacrosanct […] we will eventually lose sight of what we are trying to achieve." Für die folgenden Aussagen zum pragmatischen Autoritarismus, zur Epistokratie und zur Software *Nigel* vgl. ebenda, S. 171–191.

14 John Stuart MILL, *Considerations on Representative Government*, London 1861. BRENNAN (*Against Democracy*) greift Mills Ge-

danken auf, wenn er vorschlägt, die Wähler einem Kompetenztest zu unterziehen.

15 RUNCIMEN, *How Democracy Ends*, S. 189 (hier und später, wenn nicht anders vermerkt, meine Übersetzung – R.S.). Original: „Nigel understands that you are incapable of drawing the correct political inferences from your preferences. You need help, from a machine that has seen enough of your personal behaviours to understand what it is you are after. Siri recommends books you might like. Nigel recommends political parties and policy positions." Nigel-Erfinder Mounir Shita erklärt: „The whole purpose of Nigel is to figure out who you are, what your views are and adopt them. He might push you to change your views, if things don't add up in the Nigel algorithm." Brian WHEELER, „Nigel – the robot that could tell you how to vote", *BBC News*, 17. September 2017 (www.bbc.com/news/uk-politics-40860937).

16 Alessio PIERGIACOMI, „What would an AI government look like?", *Quora*, 30. April 2016 (www.quora.com/What-would-an-AI-government-look-like): „I have come to the conclusion that democracy is on its way to obsolescence. Year after year, the average person is becoming more stupid and the politicians more deceptive [...]. On the other hand, computers are becoming more intelligent every year, so I guess eventually it is going to be wiser to let them take the decisions and govern us."

17 Carl SCHMITT, „Das *Zeitalter der Neutralisierungen* und Entpolitisierungen", in: ders., *Der Begriff des Politischen*, Berlin 2009, S. 73–87.

18 Das Nigel-Verfahren scheint weniger Schmitt als Habermas zu widersprechen, dessen Ethik diskursiver Konsensschaffung im algorithmisch-mathematischen Abgleich politischer Positionen völlig verlorengeht. Dieser Verlust kann angesichts der Exklusionseffekte der diskursiven Rationalität auch als Gewinn betrachtet werden. Vgl. die Rückführung des Modells der nummerischen Rationalität auf Rousseau und ihre Weiterentwicklung mit Blick auf das Internet bei Byung-Chul HAN, *Digitale Rationalität und das Ende des kommunikativen Handelns*, Berlin 2013. Han imaginiert einen „Algorithmus, der in der Lage wäre, aus der Differenzsumme einzelner Willen den Allgemeinwillen zu errechnen" (S. 21), und sieht darin die Überwindung der „synthetisch-diskursiven Exklusion" durch die „*syndetisch-additive* Inklusion" (S. 33). Dass diese Verrechnung ihre eigenen

Verzerrungsprobleme mit sich bringt, weiß man seit den Meldungen über social bots und automatisierte Trolle.

19 Sarah CONLY, *Against Autonomy. Justifying Coercive Paternalism*, New York 2013; Richard H. THALER, Cass SUNSTEIN, *Nudge. Wie man kluge Entscheidungen anstößt*, Berlin 2011 (engl. 2009).

20 Yvonne Hofstetter unterstreicht in ihrer dem Europäischen Parlament gewidmeten Diskussion zur künstlichen Intelligenz als politischer Akteur (nicht im Namen des Klimas, sondern der Idee eines vereinten Europas), dass dies nur dann im Sinne der Bürger wäre, wenn sie die KI „demokratisch legitimierten – als jüngste, als demokratisch eingesetzte digitale Institution Europas, ausgestattet mit einem Mandat und überwacht von einer Gruppe Menschen, die sich wirklich um die Zukunft sorgen …" (Yvonne HOFSTETTER, *Das Ende der Demokratie: Wie die künstliche Intelligenz die Politik übernimmt und uns entmündigt*, München 2016, S. 457).

21 Max TEGMARK, *Life 3.0. Being Human in the Age of Artificial Intelligence*, New York 2018, S. 178 („had it [the protector god AI] existed in the 1930s, it might have arranged for Hitler to die of a stroke once it understood his intention"). Der „benevolent dictator" und „protector god" sind zwei Positionen möglicher Zukunftsszenarien der Machtverhältnisse zwischen Mensch und KI bei Tegmark. Die „protector god AI" würde die Menschheit nicht nur vor ihren verhängnisvollen Exemplaren wie Hitler schützen, sondern auch vor ihrem unbedachten Handeln: „If we headed toward an accidental nuclear war, it could avert it with an intervention we'd dismiss as luck" (ebenda).

22 *Perspective* ist Beispiel auch für politisch inkorrekte Eingriffe, wenn es neben Hasskommentaren ebenso positiv denotierte Äußerungen im AAVE-Slang (African American Vernacular English) als „bad English" blockiert und damit Praktiken der Identitätsbildung unterdrückt, die jenseits des (weißen) Mainstreams liegen und eine sprachliche Abgrenzung von diesem beabsichtigen.

23 Vlad SAVOV, „Google's Selfish Ledger is an unsettling vision of Silicon Valley social engineering", *Verve*, 17. Mai 2018 (www.theverge.com/2018/5/17/17344250/google-x-selfish-ledger-video-data-privacy). Anna-Verena NOSTHOFF und Felix MASCHEWSKI, *Die Gesellschaft der Wearables. Digitale Verführung und soziale Kontrolle*, Berlin 2019, S. 84 („disruptive Phan-

tasie"; „Akzeptanzgrenzen"). Die zitierte Passage aus dem Video lautet im Original: „As patterns begin to emerge in the behavioral sequences they too may be targeted. The ledger may be given a focus shifting it from a system which not only tracks our behavior but offers directions towards a desired result."

24 Steffen MAU, *Das metrische Wir. Über die Quantifizierung des Sozialen*, Berlin 2017; Shoshana ZUBOFF, *Das Zeitalter des Überwachungskapitalismus*, Frankfurt am Main–New York 2018.

25 Dieter MERSCH, *Ordo ab chao – Order from Noise*, Zürich 2013, S. 18.

26 Isaac ASIMOV, *Robots And Empire*, London 2018, S. 329: „Daneel said, ‚There is a law that is greater than the First Law: ‚A robot may not injure humanity, or through inaction, allow humanity to come to harm.' I think of it now as the Zeroth Law of Robotics. The First Law should then be stated: ‚A robot may not injure a human being, or though in action, allow a human being to come to harm, unless this would violate the Zeroth Law of Robotics''."

27 Irving J. GOOD, „Speculations Concerning the First Ultraintelligent Machine", in: *Advances in Computers* 6, Januar 1965, S. 31–88; James BARRAT, *Our Final Invention. Artificial Intelligence and the End of the Human Era*, New York 2013. Zur Fernverantwortung vgl. JONAS, *Das Prinzip Verantwortung*, S. 63.

28 GOERTZEL, „Should Humanity Build a Global AI Nanny", S. 107: „Setting up an AI Nanny [...] would require either a proactive assertion of power by some particular party, creating and installing an AI Nanny without asking everybody else's permission; or else a degree of cooperation between the world's most powerful governments, beyond what we see today." Goertzel imaginiert für seine AI-Nanny unter anderem „Interconnection to powerful worldwide surveillance systems, online and in the physical world" sowie „Control of a massive contingent of robots (e.g. service robots, teacher robots, etc.) and connectivity to the world's home and building automation systems, robot factories, self-driving cars, and so on and so forth" (ebenda, S. 203).

29 TEGMARK, *Life 3.0*, S. 178: „By closely monitoring all human activities, the protector god AI can make many unnoticeable small nudges or miracles here and there that greatly improve our fate."

30 Luciano FLORIDI u. a., „AI4People – An Ethical Framework for a Good AI Society: Opportunities, Risks, Principles, and Recommendations", in: *Mind and Machines* 28 (2018), S. 689–707,

hier: 693f.: „Such a system [algorithmic system to cultivate societal cohesion] would not be imposed from the outside; it would be the result of a self-imposed choice, not unlike our choice of not buying chocolate if we had earlier chosen to be on a diet, or setting up an alarm clock to wake up. ‚Self-nudging' to behave in socially preferable ways is the best form of nudging, and the only one that preserves autonomy."

31 Ebenda, S. 693 und 694.

32 Ersteres geschieht in *The Artilect War: Cosmists Vs. Terrans: A Bitter Controversy Concerning Whether Humanity Should Build Godlike Massively Intelligent Machines* (Memphis, TN 2005) des Programmierers Hugo de GARIS, der sich selbst als „Cosmist" (die KI-freundliche Fraktion) bezeichnet; letzteres wird in HOFSTETTER, *Das Ende der Demokratie,* berichtet, wo dieser ‚Bürgerkrieg' schließlich zur Machtübernahme durch die KI und ihrer Wendung gegen die Menschen führt.

List der Vernunft

1 Hans Ulrich GUMBRECHT, *Weltgeist im Silicon Valley. Leben und Denken im Zukunftsmodus*, Zürich 2018, S. 227.

2 Frank PASQUALLE, *The Black Box Society. The Secret Algorithms That Control Money and Information*, Cambridge, MA–London 2015; FLORIDI, „AI4People".

3 Ethik-Kommission Automatisiertes und vernetztes Fahren, S. 20.

4 Jürgen HABERMAS, „Technischer Fortschritt und soziale Lebenswelt", in: ders., *Technik und Wissenschaft als Ideologie*, Frankfurt am Main 1968, S. 104–119; „Freiheit und Determinismus", in: *Deutsche Zeitschrift für Philosophie* 26/6 (2004), S. 871–890.

5 Yuval Noah HARARI, *Homo Deus: Eine Geschichte von Morgen*, übers. von Andreas WIRTHENSOHN, München 2017, S. 462 und 451. Zum Master-Algorithmus vgl. Pedro DOMINGOS, *The Master Algorithm. How the Quest for the Ultimate Learning Machine Will Remake Our World,* New York 2018.

6 ZUBOFF, *Das Zeitalter des Überwachungskapitalismus*, S. 495. Zuboff bezieht sich hier konkret auf die von Alex Pentland in seinem Buch *Social Physics* entworfene „computational theory of behavior […] in order to engineer better social systems" (Alex

PENTLAND, *Social Physics: How Social Networks Can Make Us Smarter*, New York 2015, S. 7).

7 NOSTHOFF, MASCHEWSKI, *Die Gesellschaft der Wearables*, S. 52. Ein früheres Buch von PENTLAND heißt *Honest Signals. How They Shape Our World*, Cambridge, MA 2010.

8 Dies ist die Grundthese meines Buches *Facebook-Gesellschaft*, Berlin 2016.

9 Martin HEIDEGGER, *Die Frage nach der Technik*, Stuttgart 1962, S. 12 und 23.

10 GUMBRECHT, *Weltgeist im Silicon Valley*, S. 78.

11 „Friedrich Kittler im Gespräch mit Alexander Kluge: Das Ganze steuert der Blitz", in: Friedrich KITTLER, *Short Cuts*, Frankfurt am Main 2002, S. 269–282, hier: S. 270.

12 Kevin KELLY, *What Technology Wants*, New York 2010, S. 15.

13 Georg Wilhelm Friedrich HEGEL, *Vorlesungen über die Philosophie der Geschichte*, Werke Band 12, Frankfurt am Main 1986, S. 47.

14 Thomas STEINFELD, „Nachruf auf Friedrich Kittler. Spekulant über die Zeichen", in: *Süddeutsche Zeitung*, 18. Oktober 2011; vgl. Alexander Graus Bezeichnung von Kittler als „Hegelianer unter digitalen Vorzeichen": Alexander GRAU, „Der Krieg, die Medien und ihre Maschinen. Zum Tod des Medientheoretikers Friedrich Kittler", in: *tv diskurs* 59 (1/2012), S. 62–65, hier: S. 64 (www.alexandergrau.de/grau_tvd59.pdf).

15 HARARI, *Homo Deus*, S. 460 und 515.

16 Hans Friedrich FULDA, „Hegels Begriff des absoluten Geistes", in: *Hegel-Studien* 36 (2001), S. 171–198, hier: S. 175.

17 Ein weiteres Konzept, das sich hier anbietet, ist die *Noosphäre* im Verständnis des Theologen Pierre Teilhard de Chardin als Einswerdung des Geistes von Mensch und Gott, vgl. dazu Oliver KRÜGER, *Virtualität und Unsterblichkeit. Gott, Evolution und die Singularität im Post- und Transhumanismus*, Freiburg im Breisgau–Berlin–Wien 2019, S. 384–391 (dort ist auch eine einschlägige Kritik der auf technologische Unsterblichkeit zielenden Heilsgeschichte digitaler Medien zu finden).

18 Ich danke meinem Basler Kollegen und Professor für Religionswissenschaft Jürgen Mohn für die Anregung, die unterstellte Wiederkehr des Paradieses durch die KI mit Fiores Dreizeitenlehre zu verbinden.

19 Warum Apple nicht zu Orwells *1984* führt, wohl aber zu Huxleys *Brave New World*, erörtere ich in meinem Essay „Schicksalsjahr

1984“ in: SIMANOWSKI, *Abfall. Das alternative ABC der neuen Medien*, Berlin 2017, S. 55–67.

20 https://en.wikipedia.org/wiki/All_Watched_Over_by_Machines_of_Loving_Grace_(poetry_collection)

21 Sigmund FREUD, „Jenseits des Lustprinzips“, in: ders., *Gesammelte Werke*, Band 13, Frankfurt am Main 1999, S. 1–69, hier: S. 45.

22 Jörn GLASENAPP, „Vom Urvater zum Prothesengott. Freuds Technikanthropologie und ihr religionspsychologisches Fundament“, *Weimarer Beiträge*, S. 581–595, hier: S. 490.

23 Ebenda, S. 584.

24 Arnold GEHLEN, *Die Seele im technischen Zeitalter*, Frankfurt am Main 2007, S. 6.

25 Ebenda, S. 19.

26 Ebenda, S. 20.

27 Ebenda, S. 21.

28 Ernst KAPP, *Grundlinien einer Philosophie der Technik. Zur Entstehungsgeschichte der Kultur aus neuen Gesichtspunkten*, Hamburg 2015, S. 61.

29 GEHLEN, *Die Seele im technischen Zeitalter*, S. 18.

30 KAPP, *Grundlinien einer Philosophie der Technik*, S. 25. Vgl. S. 37: „Denn der unbewusst dem organischen Vorbild nachgeformte Mechanismus dient seinerseits wieder nach rückwärts als Vorbild zur Erklärung und zum Verständnis des Organismus, dem er seinen Ursprung verdankt.“

31 Harun MAYE, Leander SCHOLZ, „Einleitung“, in: KAPP, *Grundlinien einer Philosophie der Technik*, S. VII–XLIV, hier: XX.

32 Ebenda, S. XXXV.

33 Ebenda, S. 311.

34 Niko PAECH, *Befreiung vom Überfluss: Auf dem Weg in die Postwachstumsökonomie*, München 2012.

35 BOSTROM, *Superintelligenz*.

36 Charles EISENSTEIN, *Climate. A New Story*, Berkely 2018. Die Förderung der Biophilie mittels LSD wird unter anderem von der Biophysikerin und Mitbegründerin von Extinction Rebellion Gail Bradbrook vorgeschlagen (vgl. www.whatisemerging.com/opinions/psychedelics-and-social-change und www.youtube.com/watch?v=kZ3rpw8P5sQ).

37 HARARI, *Homo Deus*, S. 527.

38 Robert Stefan FOE, Yascha MONK, „The Danger of Deconsolidation: The Democratic Disconnect“, in: *Journal of Democracy* 3/27 (Juli 2016), S. 5–17, hier: S. 7.

39 PENTLAND, *Social Physics*, S. 7: „[A] computational theory of behavior […] could tie together mechanism of social interactions with our newly acquired massive amounts of behavior data in order to create better social systems.“

40 Fjodor DOSTOJEWSKI: *Die Brüder Karamasow*, aus dem Russischen übertragen von Hans ROFF und Richard HOFFMANN, München 2006, S. 343, 344, 349 und 350.

41 Zheping HUANG, „These are the two books that are helping Xi Jinping understand AI“, in: *Quartz*, 3. Januar 2018 (https://qz.com/1170185/the-master-algorithm-and-augmented-the-two-books-helping-chinas-xi-jinping-understand-ai). DOMINGOS, *The Master Algorithm*.

42 Ethik-Kommission Automatisiertes und Vernetztes Fahren, S. 20.

43 Paul COLLIER, *Sozialer Kapitalismus! Mein Manifest gegen den Zerfall unserer Gesellschaft*, München 2019, S. 73.

Nachbemerkung

1 Jason W. MOORE (Hg.), *Anthropocene Or Capitalocene? Nature, History, and the Crisis of Capitalism*, Oakland, CA 2016. Vgl. Bernard STIEGLER, *Automatic Society: The Future of Work*, Volume 1, New York 2017, S. 10: „Anthropocene concretized as the age of planetarizing capitalism“. Auch aus theologischer Perspektive wird die Logik des kapitalistischen Systems (Marktausweitung und Konsumsteigerung) für die entstandene Situation verantwortlich gemacht (Gregor TAXACHER, *Apokalypse ist jetzt: Vom Schweigen der Theologie im Angesicht der Endzeit*, Gütersloh 2012).

2 Thomas RAMGE, *Mensch und Maschine. Wie Künstliche Intelligenz und Roboter unser Leben verändern*, Ditzingen 2019, S. 89: „Vielleicht hat ein seltsamer Typ bei der Single-Börse ein Premiumpaket gebucht und wird deshalb algorithmisch bevorzugt.“

3 Beispielgebend für eine politische Kritik der digitalen Ökonomie: ZUBOFF, *Das Zeitalter des Überwachungskapitalismus* und Sarah SPIEKERMANN, *Digitale Ethik: Ein Wertesystem für das 21. Jahrhundert*, München 2019.

4 In diesem Sinne Evgeny Morozovs Kritik, dass Viktor MAYER-SCHÖNBERGERs und Thomas RAMGEs Buch *Reinventing Capitalism in the Age of Big Data* (New York 2018) wenig Verständnis für die politischen Konsequenzen der neuen technologischen Möglichkeiten offenbare (Evgeny MOROZOV, „Digital Socialism? The Calculation Debate in the Age of Big Data“, *New Left Review* 116/117, März/Juni 2019, S. 33–67; online: https://newleftreview.org/issues/II116/articles/evgeny-morozov-digital-socialism). Ebenfalls reformorientiert, aber grundlegender und mit Fokus auf die Ökologisierung der Ökonomie: Philipp STAAB, *Digitaler Kapitalismus. Markt und Herrschaft in der Ökonomie der Unknappheit*, Berlin 2019. Das Argument, dass die technische Revolution auch einer politischen bedarf, findet sich schon bei Robert W. MCCHESNEY, *Digital Disconnect. How Capitalism Is Turning the Internet Against Democracy*, New York 2013.

5 Ich selbst habe mich dazu zuletzt Ende 2019 in Essays zur Politik der sozialen Netzwerke (www.zeit.de/kultur/2019-12/social-media-facebook-zukunft-soziale-medien-rueckblick), zum Plattformkapitalismus („Uber-Fahrt. Die Reputationsdiktatur der Kommunikationskapitalisten“, *Lettre International* 126, S. 26–31) sowie zur Überwachung (www.nzz.ch/meinung/digitale-ueberwachung-wem-gehoert-mein-gesicht-ld.1520534) geäußert.

6 Steffen LANGE, Tilman SANTARIUS, *Smarte grüne Welt? Digitalisierung zwischen Überwachung, Konsum und Nachhaltigkeit*, München 2018. Zum Öko-Aspekt der Algorithmen vgl. die „Eckpunkte für eine umweltpolitische Digitalagenda des BMU“ vom 6. Mai 2019.

Preisrede zur Vergabe des Tractatus-Preises 2020

1 Die Verleihung des Tractatus-Preises ist normalerweise ein Höhepunkt des Symposiums des Philosophicum Lech, das im Jahr 2020 wegen Corona ausfiel. Die Preisverleihung war dennoch vor Ort geplant. Da zwei Tage zuvor Lech zum Corona-Risikogebiet erklärt wurde, mussten der Laudator Thomas Vašek, die weiteren Jurymitglieder Barbara Bleisch und Michael Krüger

sowie der wissenschaftliche Leiter des Philosophicum Konrad Paul Liessmann und der Verleger des Buches Peter Engelmann von einer physischen Teilnahme an der Preisverleihung absehen. Die Laudatio wurde am 25. 9. 2020 vor Ort per Video übertragen. Im Anschluss folgte die Preisrede, die ebenfalls vor Ort vor der Kamera sowie vor den Anwesenden aus der unmittelbaren Umgebung vorgetragen wurde.

Editorische Notiz

Die Kapitel „Würde des Menschen“ und „Herrschaft der Maschinen“ sind in in einer früheren Fassung in der Essaysammlung *The Death Algorithm and Other Digital Dilemmas* enthalten, die der Autor 2018 bei MIT Press publizierte. Beide Texte wurden für das vorliegende Buch stark ausgebaut und überarbeitet.

Passagen Thema

Roberto Simanowski

Das Virus und das Digitale

Das Virus und das Digitale ist die Tiefenanalyse einer Pandemie: von der Corona-App und der Maskenpflicht am Bildschirm bis zur Frage, ob die Corona-Krise die lang ersehnte Chance eines gesellschaftlichen Neuanfangs sein könnte.

Covid-19 ist die Hefe der Digitalisierung: Home-Office, Fernunterricht, Online-Shopping, Video-Streaming, Corona-App – wir erleben einen Sprung in die Zukunft, den es in Echtzeit zu begreifen gilt. Roberto Simanowski unternimmt diesen Versuch und entziffert verschiedene Phänomene des Corona-Alltags aus einer kultur- und medienwissenschaftlichen Perspektive: das Zoom-Meeting als Enthüllung des Optisch-Unbewussten, die Corona-App als Machtkampf zwischen Technologie und Gesellschaft, die Anti-Corona-Proteste und Verschwörungstheorien als Kollateralschäden des Internet. Das Fazit ist überraschend und bestürzend: So wie die Corona-Krise die Digitalisierung beschleunigt, so beschleunigt diese den Ausbruch der Infodemie, die auf eine viel bedrohlichere Krankheit verweist: Die Krise der Demokratie.